パランセ韓国語 上級

ハングル能力検定試験3級完全準拠

金京子

JN069522

朝日出版社

—— 音声サイト URL ——

http://text.asahipress.com/free/korean/
paransejyokyu/index.html

装丁－申智英
本文イラスト－メディアアート

本書の構成と使い方

◇ 本書は、ハングル能力検定試験３級の文法や単語をベースに16課で構成されています。

◇ 各課は６ページで構成されています。

　　１～２ページ目：タイトル、学習目標、文法のポイントと練習問題

　　３～４ページ目：ダイアローグ、発音のポイント、単語と表現

　　５～６ページ目：読解力・聞き取り力 Check、単語力 Up、もっと知りたい、練習問題

◇ 動 形 存 指 は、それぞれ動詞、形容詞、存在詞、指定詞です。

◇ 単語と例文の見方は次の通りです。

＿＿（下線）	日本語と同一の漢字語	例）최고　最高（→ p.15）
（　）	日本語と異なる漢字語	例）농사(農事)　農業、畑仕事（→ p.35）
[　]	発音のルールによる表記（連音化を除く）	例）낙지[낙찌]（→ p.15）
(하)	名詞에하다がつく「하다動詞」	例）보호(하)　保護（→ p.21）
〈　〉	変則用言	例）부담스럽다〈ㅂ〉　負担だ（→ p.21）
準2 など	ハングル能力検定試験のレベルを示す。	

◇「ハングル能力検定試験３級」模擬テストを設けました。力試しにご利用ください。

◇ 音声収録された部分には♪がついています。数字はトラック・ナンバーを表しています。

◇ 巻末には付録として「ハングル能力検定試験」３級の語尾や慣用表現、助詞などをまとめています。
　また本書に収録されているすべての単語（約1360個）の単語集（韓日）を収録しています。

◎パランセ（파랑새）は、青い鳥という意味の韓国語です。

はじめに

　『パランセ韓国語　上級』は、大学や市民講座などで中級レベルを終え、もっと勉強したいという学習者のために執筆したものです。学習の内容は、ハングル能力検定試験３級に準拠し、『パランセ韓国語　中級』と同様に文法や単語を先に学習してから会話へ進むという構成です。中級での学習内容を復習しながら語彙力を伸ばし日常生活の中で自然な韓国語を身につけ、中級から上級へと無理なくステップアップできるのが、このテキストの特徴です。

　このレベルの学習で一番重要なのは「語彙力」です。名詞は漢字語が大半なので漢字語とハングルの対応関係が分かれば語彙力を飛躍的に伸ばすことができます。また、用言は名詞とセットで覚えたり、類義語や慣用句の意味を文脈で読み取ることを心掛けましょう。本文のストーリーは、初級・中級の延長で恵美とスミンを中心に、スミンの家族や周りの人々を巻き込んで面白おかしく展開されます。韓国語は相手の年齢や社会的地位、親密度などによって言葉使いが変わります。さまざまなシチュエーションで登場人物が使う言葉の理解を通じて指示や命令、依頼や誘いの受諾や拒否、許可などのさまざまな表現をしっかりと押さえていけば、さらに楽しく学ぶことができるでしょう。

　本書は『パランセ韓国語　初級』『パランセ韓国語　中級』の姉妹編として私家版を作成し、大学や市民講座などで使用しながら修正、完成させたものです。教室で出会った学習者のみなさんの生の反応や励みに支えられ、ようやく『パランセ韓国語　上級』をみなさんにお届けすることができうれしく思います。ありがとうございました。また誤字など見落としがちなところをチェックして下さった、田平稔さん、神農智子さん、カン・スビンさん、オ・ヨンミンさんに感謝いたします。

　最近は学習２年目で「ハン検３級」を取りたいという学習者が増えてきたように思います。このテキストを手にしたみなさんが、確かな韓国語学習の手応えを感じられますように。

著者

◇ ハングル能力検定試験は毎年６月と11月に２回行われます。詳細についてはハングル能力
　検定協会のHP（http://www.hangul.or.jp/）をご参考ください。

目　次

◇もっと知りたい！

事前学習

1 丁寧体と非丁寧体

　韓国語には聞き手によって丁寧体(합니다体、해요体)と、非丁寧体(해体、한다体)があります。丁寧体の합니다体と해요体は、日本語の「～です、～ます」にあたるもので『パランセ韓国語　初級』で学びました。また、「～である、～だ」にあたる非丁寧体(해体、한다体)は『パランセ韓国語　中級』で学びましたが、まだ定着していないかもしれません。해体と한다体がどのような場面で使われるのか、その特徴をもう一度見てみましょう。

> 해体
> ・待遇表現をぼやかす言い方、「반말」という。
> ・話し言葉で目下の人や友達、家族など親しい関係で用いられる。
> ・後輩が先輩に、子供が親に使うことが許される。

> 한다体
> ・丁寧な気持ちがまったく含まれていない、ぞんざいな言い方。
> ・新聞や雑誌、論文などの書き言葉で用いられる。
> ・話し言葉でも目下の人や友達の間で使われるが、子供が親に使うことは許されない。

　これらの言い方は聞き手の年齢や社会的地位、親密度などと密接な関係があり、用言の活用形の終結語尾(文末語尾)に現れます。復習を兼ねて非丁寧体の해体と한다体の作り方について簡単に触れておきます。非丁寧体の해体と한다体をマスターすれば、新聞やドラマなど生の韓国語が楽しめます。

　『パランセ韓国語　上級』では丁寧体(합니다体、해요体)と非丁寧体(해体、한다体)のどちらも出てきますが、その一部は次の通りです。

第1課	母親と娘・息子（親子）	母親→娘・息子：해体と한다体 娘・息子→母親：해요体
第2課	スミンと恵美（知り合い）	해요体
第3課	母親と娘・息子（親子） おばと甥・姪（親戚）	甥・姪→おば：해요体 おば→甥・姪：해体と한다体

なお、第15課と第16課は「日記」なので한다体のみになります。

2 ## 해체의 作り方

　해체は、해요체から「요」を取った形です。해요体と同様、文脈やイントネーションによって叙述（↘）・疑問（↗）・勧誘（→）・命令（↓）を表すことができます。なお指定詞の해体は例外として覚えてください。

陽母音語幹＋아
陰母音語幹＋어
하다用言하＋여 → 해
★母音体言（パッチム無）＋야
★子音体言（パッチム有）＋이야

놀다　　　→ 같이 놀아. (→)

먹다　　　→ 밥 먹어. (↓)

공부하다 → 공부해? (↗)

나　　　　→ 나야. (↘)

책　　　　→ 이건 내 책이야. (↘)

　また、初級や中級で学んだ終結語尾の −네요、−지요、−거든요、−ㄹ까요?、−ㄹ게요、−ㄹ래요などから「요」を取ると、반말になります。

 3 ## 한다체の作り方

　한다体の平叙・疑問・勧誘・命令文の終結語尾を見てみましょう。(*は、ㄹ語幹のㄹ脱落です)

平叙	動の語幹＋ㄴ다/는다（現在形） ※存・形・指の現在形は、原形と同じである。 ※過去形：−았/었다 　未来形や推量：겠다	가다　　→ 나 먼저 간다. 놀다　　→ 난 여기서 논다.* 먹다　　→ 먼저 밥 먹는다. 멀다　　→ 여기서 멀다/멀었다/멀겠다. 없다　　→ 시간이 없다/없었다/없겠다. 이다　　→ 학생이다/이었다.
疑問	動・存＋①느냐?　②니? 形・指＋①(으)냐?　②(으)니?	살다　　→ 어디 사느냐?*/사니?* 좋다　　→ 어느 것이 좋으냐?/좋으니?
勧誘	動・있다の語幹＋자	놀다　　→ 같이 놀자. 있다　　→ 집에 있자.
命令	陽母音語幹＋아라 陰母音語幹＋어라 하다用言하＋여라 → 해라	보다　　→ 이걸 봐라. 읽다　　→ 책 좀 읽어라. 일하다 → 내일도 일해라.

☞ ・한다体の疑問を表す終結語尾は２通りあり、①の −느냐?/(으)냐? は男性が、②の −(으)니? は女性が好んで使う傾向があります。

　・最近の話し言葉では「느」「으」抜きの −냐?、−니? の形が広く使われています。

　　例）가느냐? → 가냐?　　좋으냐? → 좋냐?　　좋으니? → 좋니?

4 **間接話法：引用・伝聞**

引用や伝聞の「〜だそうです」「〜と言っていましたか」などの表現を、間接話法といいます。話し言葉では縮約形が用いられます。（①は합니다体の縮約形、②は「해요体」の縮約形）

1）平叙形の引用・伝聞　〜だそうです、〜と言っていましたか

한다体の平叙形 -(ㄴ/는)다に -고 하다をつけます。-고 하다は「〜と言う」の意味です。하다のほか、말하다・말씀하다・묻다などが続きます（*は、ㄹ語幹のㄹ脱落です）。

ただし、体言には -(이)라고 하다がつくので注意しましょう。

動	＋ㄴ다/는다고 **합니다/해요** → ①-ㄴ/는답니다, -ㄴ/는답니까?	②-ㄴ/는대요(?)
形・存	＋다고 **합니다/해요** → ①-답니다, -답니까?	②-대요(?)
体言	＋(이)라고 **합니다/해요** → ①-(이)랍니다, -(이)랍니까?	②-(이)래요(?)

오다　→ 온다고 합니다/해요　→ ①온답니다. 온답니까?　②온대요(?)

살다　→ 산다고 합니다/해요　→ ①산답니다*. 산답니까?*　②산대요(?)*

찾다　→ 찾는다고 합니다/해요 → ①찾는답니다. 찾는답니까?　②찾는대요(?)

있다　→ 있다고 합니다/해요　→ ①있답니다. 있답니까?　②있대요(?)

싫다　→ 싫다고 합니다/해요　→ ①싫답니다. 싫답니까?　②싫대요(?)

싸다　→ 싸다고 합니다/해요　→ ①싸답니다. 싸답니까?　②싸대요(?)

형이다 → 형이라고 합니다/해요 → ①형이랍니다. 형이랍니까?　②형이래요(?)

갔다　→ 갔다고 합니다/해요　→ ①갔답니다. 갔답니까?　②갔대요(?)

먹겠다 → 먹겠다고 합니다/해요 → ①먹겠답니다. 먹겠답니까?　②먹겠대요(?)

☞ 引用文を作る -고 하다はさまざまな活用形を持ちますが、その時 -고 하はよく省略されます。
　例）돈이 있다(고 하)며　　お金があると言いながら
　　　돈이 있다(고 하)는 말　お金があるという話

練習 平叙形の引用・伝聞にしましょう。

例）"봅니다"	본다고 합니다/해요	본답니다	본대요
① "남아요."			
② "없어요."			
③ "깁니다."			
④ "누나예요."			
⑤ "탔습니다."			

2）疑問形の引用・伝聞　〜かと聞いています、〜と聞いていましたか

한다体の疑問形①の -느냐/(으)냐に -고 하다をつけます。（*は、ㄹ語幹のㄹ脱落です）

```
動・存 ＋느냐고 합니다/해요   → ①-느냡니다, -느냡니까?   ②-느내요(?)
形     ＋(으)냐고 합니다/해요  → ①-(으)냡니다, -(으)냡니까?  ②-(으)내요(?)
体言   ＋(이)냐고 합니다/해요  → ①-(이)냡니다, -(이)냡니까?  ②-(이)내요(?)
```

오다	→ 오느냐고 합니다/해요	→ ①오느냡니다. 오느냡니까?	②오느내요(?)
살다	→ 사느냐고 합니다/해요*	→ ①사느냡니다. 사느냡니까?*	②사느내요(?)*
찾다	→ 찾느냐고 합니다/해요	→ ①찾느냡니다. 찾느냡니까?	②찾느내요(?)
있다	→ 있느냐고 합니다/해요	→ ①있느냡니다. 있느냡니까?	②있느내요(?)
싫다	→ 싫으냐고 합니다/해요	→ ①싫으냡니다. 싫으냡니까?	②싫으내요(?)
싸다	→ 싸냐고 합니다/해요	→ ①싸냡니다. 싸냡니까?	②싸내요(?)
형이다	→ 형이냐고 합니다/해요	→ ①형이냡니다. 형이냡니까?	②형이내요(?)
갔다	→ 갔느냐고 합니다/해요	→ ①갔느냡니다. 갔느냡니까?	②갔느내요(?)
먹겠다	→ 먹겠느냐고 합니다/해요	→ ①먹겠느냡니다. 먹겠느냡니까?	②먹겠느내요(?)

☞ 過去形は品詞を問わず、-았/었느냐고 하다です。

☞ 最近の話し言葉では「느」「으」抜きの -냡니다/냡니까?、-내요(?) の形が広く使われています。

例）오느냡니다 → 오냡니다

있느내요? → 있내요?

（練習）疑問形の引用・伝聞にしましょう。

例）"봐요?"	본다고 합니다/해요	본답니다	본대요
① "알아요?"			
② "있습니까?"			
③ "짧아요?"			
④ "책이에요?"			
⑤ "비쌌니?"			

3）勧誘形の引用・伝聞　〜しようとのことでした、〜しようと言っていましたか

한다体の勧誘形の -자に -고 하다をつけます。

> 動・있다の語幹＋자고 **합니다/해요** → ①-잡니다, -잡니까?　②-재요(?)

가다 → 가자고 합니다/해요 → ①가잡니다, 가잡니까?　②가재요(?)
있다 → 있자고 합니다/해요 → ①있잡니다, 있잡니까?　②있재요(?)

練習　勧誘形の引用・伝聞にしましょう。

例）"봐요."	보자고 합니다/해요	보잡니다	보재요
① "공부합시다."			
② "올라가자."			
③ "내려요."			
④ "찾읍시다."			

4）命令形の引用・伝聞　〜（し）ろとのことでした、〜（し）ろと言っていましたか

한다体の命令形の -아라/어라ではなく、-(으)라に-고 하다をつけます。

> 母音語幹＋라고 **합니다/해요**　→ ①랍니다, 랍니까?　②-래요(?)
> ㄹ語幹＋라고 **합니다/해요**　→ ①랍니다, 랍니까?　②-래요(?)
> 子音語幹＋으라고 **합니다/해요** → ①으랍니다, 으랍니까?　②-으래요(?)

가다 → 가라고 합니다/해요　→ ①가랍니다, 가랍니까?　②가래요(?)
살다 → 살라고 합니다/해요　→ ①살랍니다, 살랍니까?　②살래요(?)
있다 → 있으라고 합니다/해요 → ①있으랍니다, 있을랍니까?　②있으래요(?)

練習　命令形の引用・伝聞にしましょう。

例）"봐요."	보라고 합니다/해요	보랍니다	보래요
① "씻어."			
② "내려가라."			
③ "자요."			
④ "일어나요."			

文法と会話編　登場人物

후지이 에미
（藤井恵美、ふじい　えみ）

韓国語の学習も3年目、韓
国の生活にもすっかり溶け
込み、楽しい留学生活を
送っています。

김수민
（金秀民、キム・スミン）

大学4年生になったスミ
ン、就職活動などで超忙し
い毎日を送っています。

김수아
（金秀児、キム・スア）

スミンの妹。恵美ともすっ
かり仲良くなり、買い物や
旅行なども一緒に行くよう
になりました。

나스 료타
（那須亮太、なす　りょうた）

中級からお馴染みの日本人
留学生。韓国語はめきめき
上達しています。

이 영수
（李英洙、イ・ヨンス）

授業をさぼって来年の卒業
が怪しいスミンの同級生。

背　景

　ここは韓国のソウル。恵美とスミンとスアの日常生活を中心にさまざまな話が面白お
かしく繰り広げられます。スミンは恵美に好感を持ちながらもなかなか言えずにいます。
スミンの気持ちに気づいていない恵美は将来のことに不安を抱えながらも楽しく過ごし
ています。

 제 **1** 과 昼食

学習目標：「婉曲・余韻」「中断」「完了」の表現と「名詞化の語尾」を学びます。

> 감자볶음은 처음 만들었는데요.　　ジャガイモ炒めは初めて作ったんですが。
>
> 감자를 볶다가 양파를 넣어요.　　ジャガイモを炒める途中で、玉ねぎを入れます。

POINT 1　-는(ㄴ/은)데(요)　～なんですけど、～ですよ　（婉曲・余韻）

婉曲や余韻などを表す終結語尾。過去形は品詞を問わず -았/었는데(요)です。
(*ㄹ語幹動詞はㄹが落ちて -는데(요) が、ㄹ語幹形容詞はㄹが落ち -ㄴ데(요) がつく)

動 語幹＋는데(요)	저녁은 제가 만드**는데요**.*
存 語幹＋는데(요)	찌개가 정말 맛있**는데**.
形 語幹＋ㄴ/은데(요)	교실이 아주 조용한**데요**.
指 語幹＋ㄴ데(요)	볼펜은 제 것인**데요**.

☞ 母音体言のあとでは指定詞の語幹이が省略されます。
例）볼펜은 제 건데요.

POINT 2　-다가　～する途中で（中断）、-았/었다가　～して（から）（完了）

行動の中断や完了を表す接続語尾。-다가の文では前後の主語が一致しなければなりません。
-다가 말다は「～する途中でやめる」という意味です。

語幹＋다가　　（中断） ～していて、～する途中で	점심을 먹**다가** 말고 뭐해?
	과제를 하**다가** 잠이 들었다.
語幹＋았/었다가 （完了） ～して（から）、～した後で	학교에 갔**다가** 지금 왔어요.
	은행에 들렀**다가** 약속 장소로 갈게요.

☞ -다가, -았/었다가의 가는省略することができます。
例）밥 먹다 말고 뭐해?　은행에 들렀다 갈게.

POINT 3　-ㅁ/음　～すること、～であること、（名詞化の語尾）

用言の語幹について名詞に変化させる語尾。웃음(笑い)や슬픔(悲しみ)のように一般名詞として使われたり、広告やメモ、伝言などでは「体言止め」の役割もします。

母音語幹＋ㅁ	추다 → 춤
ㄹ語幹＋ㅁ/음	살다 → 삶　/　울다 → 울**음**
子音語幹＋음	죽다 → 죽**음**　/　사람 찾**음**.

練習 1-1 −는데요, −ㄴ/은데요を用いて答えてみましょう。♪³

例) 가: 한식과 일식 중에 뭐가 좋아요?
　　 나: 전 한식을 (좋아하다 → 좋아하는데요).

1) 가: 어느 게 감자볶음이에요? 처음 먹는 요리예요.
　　 나: 이게 (감자볶음이다 → 　　　　　　　　　). 맛있어요.
2) 가: 이건 너무 시어요. 식초 맛이 강하네요.
　　 나: 전 (괜찮다 → 　　　　　　　). 제가 신맛을 좋아하거든요.
3) 가: 돈까스 소스를 직접 만드세요?
　　 나: 네. 집사람이 (만들다 → 　　　　　　　). 판매도 하고 있어요.
4) 가: 아이스크림이 다 녹겠다. 빨리 먹어라.
　　 나: 아직 안 (녹았다 → 　　　　　　).

練習 1-2 例にならって一つの文にし、日本語に訳しましょう。

例) 전철에서 졸다 / 두 역을 더 갔다
　➡　전철에서 졸다가 두 역을 더 갔어요. (電車で居眠りをしていて2駅を乗り過ごしました)

1) 태권도를 배우다 / 얼마 전에 그만뒀다
　➡
2) 한참 걷다 / 힘들어서 좀 쉬었다
　➡
3) 텔레비전을 켰다 / 재미없어서 바로 껐다
　➡
4) 밖에 나갔다 / 방금 돌아왔다
　➡

練習 1-3 次の用言を名詞にして、その意味を考えてみましょう。

例) 기쁘다(喜ぶ) ➡ 기쁨(喜び)　　웃다(笑う) ➡ 웃음(笑い)

1) 흐르다 ➡　　　　　　　　　2) 싸우다 ➡
　（流れる）　　　　　　　　　　　（争う）
3) 맑다 ➡　　　　　　　　　　4) 지다 ➡
　（晴れる）　　　　　　　　　　　（背負う）
5) 아프다 ➡　　　　　　　　　6) 느끼다 ➡
　（痛い）　　　　　　　　　　　　（感じる）
7) 믿다 ➡　　　　　　　　　　8) 움직이다 ➡
　（信じる）　　　　　　　　　　　（動く）

점심

♪ 4

수아 ❶ 엄마, 우리 점심에 맛있는 초밥 시켜 먹어요.

엄마 ❷ 초밥은 무슨……. 간단하게 컵라면이나 끓여 먹자.

수아 ❸ 그러면 오빠가 만든 낙지볶**음**!

수민 ❹ 엄마, 우리 집에 낙지 있어요?

엄마 ❺ 낙지는 없고, 오징어는 있**는데**.

수민 ❻ 음, 수아가 밥맛이 없다고 하니까 오빠가 특별히 오징어볶**음**을 만들어

　　　　　주지.

수아 ❼ 정말! 우리 오빠 최고!

수민 ❽ 프라이팬에 오징어, 양파, 고추장, 고춧가루, 간장, 설탕을 넣고 기름에

　　　　　볶**다가** 파, 마늘을 넣으면 되죠?

엄마 ❾ 마지막에 참기름을 넣으면 좋아.

　　　　　(잠시 후)

수민 ❿ 엄마, 맛 좀 봐 주세요. 좀 싱거워요?

엄마 ⓫ 아니, 딱 좋**은데**. 자, 밥상 차리자.

　　　　　⓬ 수아야! 냉장고에서 나물하고 반찬 좀 꺼내 줄래?

수민 ⓭ 자, 식기 전에 어서 먹자.

수아 ⓮ 와, 맛있겠다! 엄마, 나, 얼음물!

엄마 ⓯ 얼**음**이 아직 안 얼었어. 그냥 물 마셔라.

수아 ⓰ (一口食べて) 과연 우리 오빠! 되게 맛있어.

엄마 ⓱ 수민이 음식 솜씨가 많이 늘었네.

　　　　　⓲ 음식점에서 사 먹는 것보다 훨씬 맛있다. 또 부탁한다. (^.^)

☑ 音読 Check!　　正

☑ 発音 Check!

❶ 맛있는[마신는]

❺ 없고[업꼬]　있는데[인는데]

❽ 볶다가[복따가]　넣으면[너으면]

⓱ 늘었네[느런네]

⓲ 사 먹는 것보다[사멍는걷뽀다]

単語と表現 5

☐ 초밥 すし　▸식초（食用の）酢	☐ 음 ううん、よし
☐ 컵라면[컴나면] カップラーメン	☐ 딱 ぴったり、ちょうど
☐ 낙지[낙찌] タコ　▸낙지볶음	☐ 과연 さすが、やはり、果たして
☐ 오징어 イカ　▸오징어볶음	☐ 되게 すごく、とても
☐ 밥맛[밤맏] 準2 ご飯の味、食欲	☐ 훨씬 （程度が）ずっと、はるかに
☐ 최고 最高	☐ 간단하다 簡単だ
☐ 프라이팬 フライパン	☐ 특별하다 特別だ　▸특별히
☐ 양파(洋-) 玉ねぎ　▸파 ネギ	☐ 싱겁다〈ㅂ〉 ①（味が）薄い　②（人が）つまらない
☐ 가루 粉　▸고춧가루	☐ 시켜 먹다 出前を取る
☐ 간장(-醬) 醬油	☐ 끓이다 沸かす、（スープなどを）つくる
☐ 기름 油	☐ 볶다 炒める　▸볶음、볶음밥
☐ 마늘 ニンニク	☐ 차리다 準備する、整える　▸밥상(을) 차리다
☐ 참기름 ゴマ油	☐ 꺼내다 取り出す
☐ 밥상[밥쌍] 準2 お膳	☐ 식다 冷める、ぬるくなる
☐ 냉장고 冷蔵庫	☐ 사 먹다 外食する
☐ 나물 ナムル	☐ -게 ～く、～に、～するように
☐ 반찬 おかず、惣菜	☐ -(이)나 ～でも、～や、～も（助詞）
☐ 얼음물 お冷、氷水	☐ -자 ～しよう　→ p.7
☐ 얼음 氷　▸얼다	☐ -ㄹ/을래? ～する？
☐ 음식 飲食、料理　▸음식점	☐ -기 전에 ～する前に
☐ 솜씨 準2 腕前　▸솜씨가 있다/없다	☐ -아/어라 ～しろ、～しなさい　→ p.7

1. 엄마는 점심에 뭘 먹자고 했어요?

2. 점심은 누가 만들었어요?

3. 오징어볶음은 싱거웠어요?

4. 냉장고에서 뭘 꺼냈어요?

5. 수아는 밥을 먹기 전에 뭘 달라고 했어요?

6. 엄마가 오징어볶음을 먹어 보고 뭐라고 했어요?

🡭 単語力 Up 🡭

음(飲)-	-장(醬)	-밥	밥-	최(最)①
음식점	고추**장**	김**밥**	**밥**맛	**최**고
음식물	된**장**	볶음**밥**	**밥**상	**최**대
음료수	간**장**	비빔**밥**	**밥**그릇	**최**종(적)
		초**밥**		**최**후

練習 1-4 「単語力 Up」から適当な単語をすべて選び、発音してみましょう。

1) 오늘은 맛있는 걸로 먹읍시다. 요즘 (   )이 없어서요.

2) 그럼 (   )은 어때요?

3) 앱으로 예약하면 (   ) 20% 싸게 먹을 수 있어요.　　　▶앱 アプリ

4) 아주머니의 음식 솜씨도 좋고, 서비스도 (   )예요.

5) 식사 후에 (   )도 공짜예요.

もっと知りたい！ 役に立つ表現：食事

□ 勧める時：차린 건 없지만 많이 드십시오/드세요.

□ 食事の前：잘 먹겠습니다.

□ 褒める時：음식 솜씨가 정말 좋으시네요. 음식 솜씨가 보통이 아니시네요.

□ 食後に　：맛있게 먹었습니다/잘 먹었어요.

☞ 보통이 아니다(普通ではない)で「並々ならない」「すごい」

練習 1-5 -다가を用いて文をつないで、例文のように言ってみましょう。

1) 식탁을 차리다 •　　　　　　　• 실수로 쏟아 버렸다

2) 딸기를 씻다 •　　　　　　　• 냉장고에 다시 넣었다

3) 요구르트를 먹다 •　　　　　　• 말고 전화를 받았다

4) 반찬을 꺼냈다 •　　　　　　　• 바닥에 떨어뜨렸다

식탁을 차리**다가** 말고 전화를 받았**어요**.　　　▶-다가 말고で「～する途中で」

練習 1-6 内容と一致すれば○を、一致しない場合は×をつけましょう。

김치찌개 만들기 (2인분)

재료: 묵은 김치 200그램, 돼지고기 100그램, 물 2컵,

　　　양파와 파, 두부, 그리고 소금과 후춧가루 약간

① 돼지고기에 소금, 후춧가루를 약간 뿌리고 볶다가 묵은 김치와 양파를

　넣고 함께 볶는다. 물을 붓고 10분 정도 끓인다.

② 두부와 파를 넣고 한 번 더 끓이면 완성!

③ 싱거우면 소금을 넣는다.

재료 材料　　묵다 古くなる　　두부 豆腐　　후춧가루 コショウ
약간 若干　　뿌리다 まく、振りかける　　붓다〈ㅅ〉 注ぐ

1) (　　　) 후춧가루는 고기를 볶을 때 뿌린다.

2) (　　　) 두부를 넣고 약 10분 정도 끓인다.

3) (　　　) 10분 정도 끓인 뒤에 양파를 넣는다.

練習 1-7 韓国語で言ってみましょう。

1) 1限目の授業があったんですけど、電車が遅れて来たので遅刻しました。

2) 今日は授業を聞いている途中で眠ってしまった。

3) 友達に会ってから、約束の場所に行くと伝えてください。

4) 学校から帰ってきてお母さんとけんかをしてそのまま寝た。（ㄴ/ㅁを用いて体言止め）

제 2 과　デート？

学習目標：「～ですって（?）」と「説明・逆接」「～だというなら」の表現を学びます。

| 아직 5시인데 집에 간다고요? | まだ5時なのに家に帰るんですって？ |
| 데이트가 있다면 가야 합니다. | デートがあるなら行かなければなりません。 |

POINT 1　-(ㄴ/는)다고요(?)　～ですって（?）

聞き返しや確認などに用いられる終結語尾。指定詞には -라고요(?)がつきます。過去形は、品詞を問わず -았/었다고요(?)です。-(ㄴ/는)다고요, -(이)라고요の요を取ると解体になります。

| 動 語幹＋ㄴ/는다고요(?) |
| 存 語幹＋다고요(?) |
| 形 語幹＋다고요(?) |
| ★指 語幹＋라고요(?) |

가: 좀 늦는대요.　　나: 늦는다고?
가: 집에 없어요.　　나: 집에 없다고요?
가: 바쁘시다고요.　나: 네, 좀 바빠요.
나: 형님이라고?　　나: 네, 형이래요.

☞ 母音体言のあとでは指定詞の語幹이が省略されます。例）누나라고요 ?

POINT 2　-는(ㄴ/은)데　～するが、～するけど、～するのに　（説明・逆接）

状況説明や逆接を表す接続語尾。過去形は、品詞を問わず -았/었는데です。
逆接を表す場合は -는(ㄴ/은)데도の形がよく使われます。(*ㄹ語幹動詞はㄹが落ちて -는데が、ㄹ語幹形容詞はㄹが落ちて -ㄴ데がつく)

| 動 語幹＋는데 |
| 存 語幹＋는데 |
| 形 語幹＋ㄴ/은데 |
| 指 語幹＋ㄴ데 |

그날은 노는데* 내일은 안 놀아요.
볼일이 있는데 같이 갈래요?
장사가 바쁜데도 갔다 왔어?
농담으로 한 말인데 화내지 마요.

POINT 3　-(ㄴ/는)다면　①　～だというなら　②　～なら　（仮定・条件）

強い仮定を表す接続語尾。「～したなら」は、品詞を問わず、-았/었다면です。

| 動 語幹＋ㄴ/는다면 |
| 存 語幹＋다면 |
| 形 語幹＋다면 |
| ★指 語幹＋라면 |

유럽에 간다면 준비가 필요해.
차가 있다면 가기 쉬운데.
당신이 즐겁다면 그걸로 만족해요.
회원이 아니라면 예약하기 어렵다.

☞ 母音体言のあとでは指定詞の語幹이が省略されます。例）너라면 어떻게 할래?

練習 2-1　–다고요?/라고요? を用いて文を完成させ、発音してみましょう。♪

例) 가: 금요일부터 휴가래요.
　　나: (휴가라고요)? 틀림없어요?

1) 가: 회사 동료가 결혼한대요.
　　나: (　　　　　　　　　　　)? 언제?
2) 가: 결혼 상대하고 직접 통화했대요.
　　나: (　　　　　　　　　　　)? 정말?
3) 가: 초대장은 메일로 보낸대요.
　　나: (　　　　　　　　　　　)? 아니겠죠.
4) 가: 이게 바로 보물 상자래요.
　　나: (　　　　　　　　　　　)? 거짓말!

練習 2-2　例にならって一つの文にし、日本語に訳しましょう。

例) 짐을 싸다 / 손님이 찾아오다
　　➡　짐을 싸는데 손님이 찾아왔다. (荷物をまとめているところにお客さんが訪ねてきた)

1) 일은 잘하다 / 성질이 좀 못되다
　　➡
2) 크기가 다르다 / 가격은 항상 똑같다
　　➡
3) 한꺼번에 짐을 부쳤다 / 생각보다 요금이 싸다
　　➡
4) 옛날에는 금 수출국이었다 / 지금은 수입국이 되다
　　➡

練習 2-3　例にならって一つの文にし、日本語に訳しましょう。

例) 올림픽에 나가다 / 금메달을 딸 것이다.
　　➡　올림픽에 나간다면 금메달을 딸 거예요. (オリンピックに出るなら金メダルを取るでしょう)

1) 동시에 상품의 가치를 높이다 / 기회가 있을 것이다
　　➡
2) 어디까지나 장사를 안 하겠다 / 할 수 없다
　　➡
3) 또다시 명령을 내리다 / 따르지 않을 것이다
　　➡
4) 언젠가 통일이 되다 / 열차를 타고 유럽에 가고 싶다
　　➡

데이트?

| 会 話 | 喫茶店で作文の宿題をしている恵美、来月両親が韓国に来るそうです。 |

♪8

에미　❶ 그저께 수민 씨가 맛있는 요리를 만들었**다고요**?

수민　❷ 소문이 빠르네요. 어? 폰이 바뀌었네요.

에미　❸ 네. 저번에 녹음이 잘 안 돼서 새로 샀어요.

　　　❹ 지금 환경보호에 대한 과제를 하는 중인**데**, 작문 좀 봐 주세요.

수민　❺ 음, 여기 문법은 맞**는데**, 표현이 약간 부자연스럽네요.

　　　❻ 제가 마음대로 고쳐도 돼요?

에미　❼ 물론이죠. 참, 엄마랑 통화했**는데**, 다음 달에 부모님이 한국에 오신대요.

　　　❽ 수민 씨만 부담스럽지 않**다면** 한번 보고 싶**다고요**.

수민　❾ 그래요? 난 괜찮아요.

에미　❿ 아빠 기자를 하다가 지금은 외할아버지가 경영하는 회사에서 일하고

　　　　계세요. 엄마가 아나운서를 하다가 아버지를 만났대요.

　　　⓫ 종교는 두 분 다 불교세요.

수민　⓬ 아, 네. 어머님이 한류 팬이라고 했죠?

　　　⓭ 그럼 방송국에 갔다가 시내 관광을 하면 되겠네요.

에미　⓮ 박물관도 좋아하시**는데**, 어디가 좋을까요?

수민　⓯ 민속박물관은 어떨까요? 제가 모시고 안내할게요.

에미　⓰ 여기서 멀어요?

수민　⓱ 저쪽 길 건너편 버스 정류장에서 버스를 타고 가다가 전철로 갈아타면

　　　　돼요. 여기서 30분이면 가요.

에미　⓲ 그러면 오늘 한번 가 볼까요?

수민　⓳ 지금요? (혹시 데이트?)

☑ 音読 Check!　┌─┬─┬─┬─┐
　　　　　　　　│ 正 │　│　│　│
　　　　　　　　└─┴─┴─┴─┘

☑ 発音 Check!

❷ 바뀌었네요[바뀌언네요]

❺ 맞는데[만는데]

　　부자연스럽네요[부자연스럼네요]

❽ 부담스럽지 않다면

　　[부담스럽찌안타면]

⓯ 안내할게요[안내할께요]

⓳ 지금요[지금뇨]（→ p.50）

単語と表現 9

□ 소문(所聞) うわさ、評判 ▶소문이 나다	□ 새로 新たに ▶새롭다
□ 폰(=휴대폰) 携帯(電話)	□ 저번에 この前、前回
□ 녹음 録音 ▶녹음기	□ 약간[약깐] 若干
□ 환경 環境	□ 마음대로 勝手に ▶-대로 ～まま（助詞）
□ 과제 課題	□ 물론(勿論) もちろん
□ 작문[장문] 作文	□ 부자연스럽다〈ㅂ〉 不自然だ
□ 문법[문뻡] 文法	□ 부담스럽다〈ㅂ〉 負担だ ▶부담(하)
□ 표현 表現	□ 바뀌다 変わる、替わる
□ 기자 記者	□ 보호(하) 保護
□ 외할아버지 [準2] 母方の祖父	□ 고치다 直す、修理する
□ 아나운서 アナウンサー	□ 통화(하) 通話
□ 종교 宗教	□ 경영(하) 経営 ▶경영자, 경영학
□ 불교 仏教 ▶불교도	□ 관광(하) 観光
□ 한류[할류] 韓流	□ 모시다 お供する、仕える
□ 팬 [準2] ファン	□ 안내(하) 案内
□ 방송국 放送局 ▶방송(하)	□ 갈아타다 乗り換える ▶갈아타는 곳
□ 박물관[방물관] 博物館	□ -에 대한 ～に対する
□ 민속 [上級] 民俗	□ -는 중이다 ～しているところだ
□ 건너편 向こう、向かい側	□ -네요 ～ですね
□ 정류장[정뉴장] 停留場、停留所	□ -(이)랑 ～と（助詞）
□ 데이트 [準2] デート	□ -대요 ～するそうです → p.8

読解力・聞き取り力 Check!

1. 에미는 왜 휴대폰을 새로 샀대요?

2. 에미는 지금 뭘 하는 중이었어요?

3. 에미의 부모님은 언제 한국에 오신대요?

4. 에미의 아버님은 전에 무슨 일을 하셨대요?

5. 에미 부모님의 종교는 뭐래요?

6. 수민이는 에미의 부모님이 오시면 어디를 안내한대요?

⤴ 単語力 Up ⤴

-자(者)	-가(家)	기(記)	관(関)	문(文)
학**자**	작**가**	**기**자	**관**련	**문**자
경영**자**	법률**가**	**기**사	**관**계	**문**법
소비**자**	예술**가**	**기**념(품)	**관**심	**문**학
	번역**가**	**기**록		

練習 2-4 「単語力 Up」から適当な単語をすべて選び、発音してみましょう。

1) 이분은 제가 좋아하는 (　　　　　　) 선생님이에요.

2) 전 한국 문학에 대해 (　　　　　)을 가지고 있어요.

3) 저번에 예술가의 기록에 대해서 (　　　　　)를 썼다고 합니다.

4) 한국어는 문법과 (　　　　　)된 문제가 제일 쉬워요.

もっと知りたい！ 特殊な濃音化

① 未来連体形の後で
例) 갈게요[갈께요]　　할 수 없이[할쑤업씨]

② 漢字語のㄴ ㄹ ㅁ ㅇパッチムの後で
例) 인기 人気[인끼]　　발전 發展[발쩐]　　엄격 嚴格[엄껵]　　성격 性格[성껵]

③ 合成語の場合
例) 눈가(눈＋가)[눈까]　　일등(일＋등)[일뜽]　　밤비(밤＋비)[밤삐]

④ 子音語幹の後で
例) 젊다[점따]　　참다[참따]

練習 2-5　次の文にふさわしいものを選びましょう。

1) 우리는 매일 싸움을 (①하다가 ②하는데) 정이 들었어요.

2) 공원에서 아이들이 떠들고 (①놀다가 ②노는데) 이제 집에 갔어요.

3) 비가 (①그쳤다가 ②그쳤는데) 이제 갈까요?

4) 아까 우리가 가게 앞을 (①지나갔다가 ②지나갔는데) 못 봤어요?

練習 2-6　-는데, ㄴ/은데를 用いて会話の練習をしましょう。

状況の前置き	提案
1) 날씨도 좋다	산책이나 가다
2) 머리가 좀 무겁다	내일 다시 이야기하다
3) 옛날 앨범을 찾았다	한번 보다
4) 한국 문학에 대한 기사 있다	함께 읽어 보다
5) 한국어로 번역하다	좀 도와주다

 날씨도 좋은데 산책이나 갈래요?

 좋아요./그래요./그러죠.

練習 2-7　スミンと会った日に恵美が書いた文章を読んでみましょう。
またスミンの立場で第2課の内容を書いてみましょう。

　　오늘은 학교 카페에서 작문 숙제를 하고 있는데 수민 씨가 왔다. 나는 다음 달에 부모님이 한국에 오시는데, 수민 씨가 부담스럽지 않다면 한번 보고 싶어하신다고 말했다. 수민 씨는 괜찮다고 했다. 우리 부모님이 오면 자기가 방송국과 민속박물관을 안내하겠다고 했다. 민속박물관은 학교에서 그리 멀지 않다고 해서 수민 씨와 함께 다녀왔는데, 새로운 사실을 많이 알게 돼서 참 좋았다.

-고 싶어하다 ～したがる　　자기 自分　　그리① さほど　　-게 되다 ～するようになる

音の変化についてもう一度確認しておきましょう。

■ パッチムによる音の変化

パッチム	初声	音の変化	例
ㄴㄹㅁㅇ*	ㅇ	連音化	눈이[누니]
	ㄱㄷㅂㅈ	有声音化	감자[カムジャ]
	ㅎ	ㅎの弱化と連音化	전화[전와 → 저놔]
ㄱㄷㅂ**	ㅇ	連音化と有声音化	책이[채기]　밥이[바비]
	ㄱㄷㅂㅅㅈ	濃音化	학교[학꾜]　있다[읻따]　입구[입꾸]
	ㅎ	激音化	각하[가카]　밥하고[바파고]
	ㄴㅁ	鼻音化	국민[궁민]　몇 명[면명]
ㅎ	ㅇ	ㅎが落ちる	좋아[조아]　싫어[시러]
	ㄱㄷㅈ	激音化	좋고[조코]　놓다[노타]　놓자[노차]
	ㄴㅁ	鼻音化	놓는[논는]
	ㅅ	濃音化	좋습니다[존씀니다]

*「ㅇ」パッチムは連音化せずにそのまま発音され、鼻濁音になります。例）방이[방이] cf. 박이[바기]
**ㄱ[k]：ㄱ・ㅋ・ㄲ、ㄷ[t]：ㄷ・ㅅ・ㅈ・ㅆ・ㅌ・ㅊ・ㅎ、ㅂ[p]：ㅂ・ㅃ

■ ㄹの鼻音化とㄹによる流音化

パッチム	初声	パッチム	初声	例
ㄱ	ㄹ	ㅇ	ㄴ	독립[동닙]
ㄷㅌㅅㅊㅎ		ㄴ		몇 리[면니]
ㅂ		ㅁ		법률[범뉼]
ㅁ		ㅁ		음료수[음뇨수]
ㅇ		ㅇ		종류[종뉴]
ㄹ		ㄹ	ㄹ	달래[달래] そのまま
ㄴ		ㄹ	ㄹ	진리[질리]*

*流音化は「ㄴ+ㄹ」のほか「ㄹ+ㄴ」も含まれ「ㄹ+ㄹ」に変化します。例）설날[설랄]

料理など

料理	材料・飲み物	調味料
☐ 된장찌개	☐ 당근	☐ 기름
☐ 돼지갈비	☐ 감자	☐ 참기름
☐ 오징어볶음	☐ 양배추	☐ 간장
☐ 낙지볶음	☐ 양파	☐ 고추장
☐ 볶음밥	☐ 파	☐ 된장
☐ 초밥	☐ 마늘	☐ 후추/후춧가루
☐ 곰탕	☐ 계란	☐ 고춧가루
☐ 삼계탕	☐ 딸기	☐ 소금
☐ 비빔냉면	☐ 감	☐ 설탕
☐ 비빔밥	☐ 배	☐ 레몬
☐ 돈까스	☐ 유자차	☐ 소스
☐ 스파게티	☐ 요구르트	

 家族・親戚

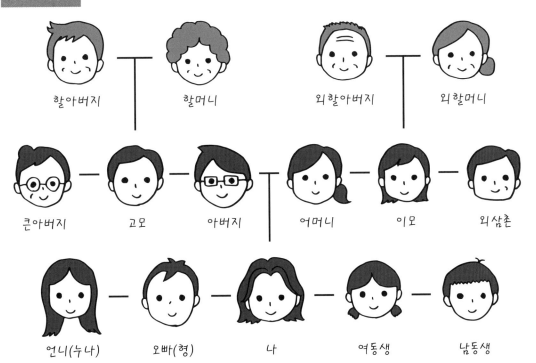

할아버지　할머니　외할아버지　외할머니

큰아버지　고모　아버지　어머니　이모　외삼촌

언니(누나)　오빠(형)　나　여동생　남동생

제3과 親戚

学習目標：「〜すると、〜だから」「〜しながら」「〜してから」の表現を学びます。

♪10

노래를 들으면서 공부한대.　　歌を聴きながら勉強しているって。

물어보니 여기 온 지 한 달째래.　　聞いてみたら、ここに来てから1カ月目だって。

 POINT 1 　-(으)니　① 〜すると、〜したら（前置き）　② 〜だから（理由）

状況の前置きや理由を表す -(으)니까の까が省略された形の接続語尾。
(＊ㄹ語幹はㄹが落ちて -니がつく)

母音語幹＋니
ㄹ語幹＋니
子音語幹＋으니

연락을 하니 바로 답장이 왔다.

용돈은 버니 이제 걱정하지 말라고 했다.*

공통점이 많으니 이야기가 잘 통한다.

 POINT 2 　-(으)면서　① 〜しながら（同時）　② 〜のに（逆接）

　二つ以上の行動や状態が同時に行われているか、相反する関係に置かれているのを表す接続語尾。前後の主語や話題が一致しなければなりません。

母音語幹＋면서
ㄹ語幹＋면서
子音語幹＋으면서

차나 마시면서 이야기할까요?

학비를 벌면서 대학에 다녔다.

맛도 없으면서 값만 비싸네.

 POINT 3 　-ㄴ/은 지　〜してから、〜して以来（時間の経過）

　時間の経過を表す慣用表現。分かち書きに注意！ -ㄴ/은 지 の後には되다、오래되다、지나다、넘다などの時間の経過を表す表現しか来ないという制限があります。
　(＊ㄹ語幹はㄹが落ちて -ㄴ 지がつく)

母音語幹＋ㄴ 지
ㄹ語幹＋ㄴ 지
子音語幹＋은 지

대학을 졸업한 지 3년이 돼요.

교토에 산 지는 오래됐어요?*

밥을 먹은 지 한 시간도 안 지났어요.

☞ -ㄴ/은と 지をくっつけて書く -ㄴ/은지は、「〜のか」という意味の接続語尾です(→ p.46)。

練習 3-1　例にならって一つの文にし、日本語に訳しましょう。

例) 할 말이 있다 / 당장 오라고 하다.
➡ 할 말이 있<u>으니</u> 당장 오라고 <u>했다</u>. (言いたいことがあるから、すぐ来るようにと言った)

1) 이모가 고기가 부드럽다 / 많이 먹으라고 하다
➡

2) 맏이가 오지 말라고 하다 / 섭섭하다
➡

3) 사촌의 눈치를 보다 / 느낌이 안 좋다
➡

4) 수입이 줄어들다 / 사고 싶은 게 많아지다
➡

練習 3-2　例にならって一つの文にし、日本語に訳しましょう。

例) 여동생은 과자를 먹다 / 공부를 하다
➡ 여동생은 과자를 먹<u>으면서</u> 공부를 <u>한다</u>. (妹はお菓子を食べながら勉強をする)

1) 할아버지는 뉴스를 보시다 / 진지를 잡수시다
➡

2) 이모는 개를 기르다 / 고양이도 키우다
➡

3) 삼촌은 남한테는 잘하다 / 가족에게는 그러지 못하다
➡

4) 동료는 자신이 변했다 / 변하지 않았다고 하다
➡

練習 3-3　次の質問に答えてみましょう。♪ 11

例) 가: 한국어를 공부하신 지 얼마나 됐어요? (3년쯤)
　　나: 한국어를 공부한 지 3년쯤 됐어요.

1) 가: 담임을 맡으신 지 몇 년이나 됐어요? (2년쯤)
　　나:

2) 가: 공장장으로 일하신 지는 오래되셨어요? (1년밖에 안 되다)
　　나:

3) 가: 미용실을 시작하신 지 얼마나 되셨어요? (7년도 넘다)
　　나:

4) 가: 남자(여자) 친구하고 사귄 지 얼마나 됐는데? (내일로 100일)
　　나:

친척

会話 スミンの家では今日、親戚の集まりがあるそうです。

♪12

수민	❶	엄마, 오늘 친척들 모임에 누구누구 와요?
엄마	❷	집안 식구들 다 모이지.
	❸	막내 이모랑 이모부도 오고, 삼촌 부부도 오고.
	❹	아, 고모도 오신다고 그랬어.
수민	❺	그래요? 사촌들도?
엄마	❻	잘 모르겠네. 고모 큰아들은 경찰 시험에 붙었대.
	❼	작은아들은 고3이**니** 못 오겠지.
수민	❽	막내 이모는 애기 데려온대요? 보고 싶다.
엄마	❾	데려온대. 아기는 싫어하**면서** 이모 애기는 예쁘니?
수민	❿	그럼요. 방글방글 웃는 모습이 마치 천사 같아요.

（お父さんの妹の「고모（叔母さん）」が一番に来ました）

수민	⓫	어서 오세요, 고모.
고모	⓬	오, 우리 조카, 몇 년 만에 보**니** 못 알아보겠네.
	⓭	분위기가 완전히 바뀌었네.
수민	⓮	고모는 변함없으시죠?
고모	⓯	우린 항상 똑같지. 수아는 남자 친구가 생겼다고?
		우리 집 근처에 멋진 데이트 코스가 생겼거든. 한번 놀러 와라.
수아	⓰	네, 고모. 기회를 봐서요.
고모	⓱	사귄 **지** 얼마나 됐어? 잘생겼어? 미남이야? 궁금하네.
수아	⓲	……. (^^;)
고모	⓳	이거 수민이하고 수아 선물이다. 상품권이야.
수아	⓴	어머, 역시 우리 고모밖에 없어요.

28 (이십팔)

音読 Check! | 正 | | | |

 発音 Check!

❻ 모르겠네[모르겐네]

❼ 못 오겠지[모도겓찌]

❿ 그럼요[그럼뇨] （→ p.50）

  웃는[운는]

⓬ 못 알아보겠네[모다라보겐네]

単語と表現 ♪ 13

□ 친척 親戚	□ 오 準2 ああ、おお（感嘆詞）
□ 모임 集まり、集会 ▶모이다	□ 어머(나) あらまあ（感嘆詞）
□ 집안 身内、一族 ▶집안일	□ 방글방글 準2 にこにこ（と）
□ 식구[식꾸]（食口）準2 家族	□ 마치 まるで、あたかも、ちょうど
□ 막내[망내] 末っ子	□ 완전히 完全に ▶완전하다
□ 이모 おば（母の姉妹） ▶이모부（이모の夫）	□ 항상(=언제나) いつも、常に
□ 삼촌(三寸) おじ	□ 변함없다 変わりない ▶변함없이
□ 고모 おば（父の姉妹） ▶고모부（고모の夫）	□ 똑같다 全く同じだ ▶똑같이
□ 사촌(四寸) いとこ	□ 멋지다 準2 すてきだ
□ 큰아들 上の息子 ▶큰딸	□ 궁금하다 気がかりだ ▶궁금증
□ 경찰 警察 ▶경찰관	□ 데려오다 連れてくる ▶데려가다
□ 작은아들 下の息子 ▶작은딸	□ 알아보다 調べる、見分ける
□ 아기(=애기) 赤ちゃん、赤ん坊	□ 사귀다 付き合う、交わる
□ 모습 姿	□ 잘생기다(⇔못생기다) かっこういい、きれいだ
□ 천사 天使	□ -(ㄴ/는)다고 그러다 ～だと言う
□ 조카 甥、姪	□ -았/었대(?) ～したって → p.8
□ 분위기 雰囲気、ムード	□ -니? ～か、～のか、～の？ → p.7
□ 코스 コース	□ -만에 ～ぶりに ▶3년 만에
□ 기회 機会、チャンス	□ -네(요) ～だね、～だわ
□ 미남 美男 ▶미인 美人	□ -았/었다고 ～したって(?) → p.18
□ 상품 商品 ▶상품권	□ -밖에 ～しか(ない)（助詞）

1. 오늘 친척들 모임에 사촌들도 온대요?

2. 고모 큰아들은 지금 뭐한대요?

3. 고모 작은아들은 고등학교 몇 학년이래요?

4. 막내 이모는 애기를 데려온대요?

5. 고모는 수아한테 뭐라고 하면서 놀러 오라고 했어요?

6. 수민이하고 수아는 고모한테 뭘 받았어요?

単語力 Up

인(人)	장(長)	여/녀(女)	큰-	작은-
부인	과장	여자	큰아들	작은아들
주인	팀장	소녀	큰딸	작은딸
애인	교장	손녀	큰일	작은아버지
노인	공장장		큰비	작은어머니

練習 3-4 「単語力 Up」から適当な単語をすべて選び、発音してみましょう。

1) 고모 작은아들은 (　　　　　　) 시험에 붙었대요.

2) 작은어머니는 지금 중학교의 (　　　　　　) 선생님을 하고 계세요.

3) 교장 선생님의 (　　　　　)는/은 번역가래요.

4) 우리 (　　　　　)는/은 지금 유치원에 다녀요.

もっと知りたい！「못」の発音

못[mot] ＋ ㄱ/ㄷ/ㅂ/ㅅ/ㅈ	→ 濃音化	例）못 가요[몯까요]
못[mon] ＋ ㄴ/ㅁ	→ 鼻音化	例）못 마셔요[몬마셔요]
못[mon] ＋ 이/여/야/요/유	→ ㄴの挿入による鼻音化（→ p.50)	例）못 읽어요[몬닐거요]
못[mo] ＋ ㅎ	→ 激音化	例）못해요[모태요]
못[mo] ＋ 아/어/오/우…	→ 単語間の連音化	例）못 와요[모놔요]
（이/야/여/요/유以外の母音）		

☞ 単語間の連音化とは、前の単語に終声規則が適用され、そのまま連音化する現象です。

例）꽃 위[꼳뒤]　　못 알아보겠네[모다라보겠네]

練習 3-5 文をつないで、例のように言ってみましょう。

1) 노인은 눈물을 흘리다 •   • 아는 체를 하다

2) 그 사건에 대해 잘 모르다 •   • 너무나 고맙다고 말하다

3) 우리 팀의 보고서를 쓰다 •   • 오히려 화를 내다

4) 과장은 자기가 잘못했다 •   • 다른 프로젝트도 진행하다

▶체를 하다で「～ふりをする」

노인은 눈물을 흘리면서 너무나 고맙다고 말했다.

練習 3-6 音声を聞いて対話を完成させ、会話の練習をしましょう。♪ 14

1) 가: 큰일났어.
   나: 왜? 뭐가 큰일났다는 거야.
   가: 나, (　　　　　　　　　)

2) 가: 왜 자꾸만 물어?
   나: 삼촌, 전 궁금한게 있으면 못 참거든요.
   가: 궁금해도 참아. (　　　　　　　　　　　　)

3) 가: 공장에 짐이 왔는데 공장장은 어디 있죠?
   　　공장장의 (　　　　　　　　　　　　)
   나: 제가 대신 사인하면 안 될까요?

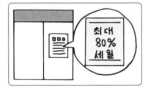

4) 가: 우리집 가까이에 있는 쇼핑 센터에서 세일한대.
   　　5월 말에 (　　　　　　　　　　　　)
   나: 그래? 그럼 주말에 쇼핑하러 갈까?

練習 3-7 韓国語で言ってみましょう。(文末語尾は한다体にすること)

1) 音楽を聴きながら夜明けまで課題をした。

2) 朝起きて時計を見ると、9時を過ぎていた。

3) 彼(彼女)と付き合ってから明日で1年になる。

4) 叔父さんは学費を稼ぎながら大学に通ったと言う。

(삼십일) 31

 제 **4** 과 身体と健康

学習目標：「〜ようだ」「〜(し)そうだ」「〜か」「〜(はずな) のに」の表現を学びます。

♪15

큰어머니의 수술은 잘된 것 같아요. 　伯母さんの手術はうまくいったようです。

퇴원해야 할 텐데 전화해 봤나요? 　退院しなければならないのに電話してみましたか？

 POINT 1 　連体形＋것 같다　〜ようだ、〜(し)そうだ、〜ように思う　（様態・推量）

推量や不確実な判断を表す慣用表現。様子を見て自分の考えを述べる時に用います。

| 現在連体形＋것 같다　〜するようだ |
| 過去連体形＋것 같다　〜したようだ |
| 未来連体形＋것 같다　〜(し)そうだ |

밖에 비가 **오는 것 같**아요.

밤중에 비가 **온 것 같**은데.

밤새 비가 **올 것 같**네요.

☞ 現在連体形、過去連体形、未来連体形のどれにつくかは前後の文脈によります。

 POINT 2 　-나(요)?, -ㄴ/은가(요)?　〜か、〜なのか

ため口の疑問形終結語尾。過去形は品詞を問わず -았/었나(요)? です。また、敬語の -(으)시나요?、-(으) 신가요? も併せて覚えておきましょう。(*ㄹ語幹動詞はㄹが落ちて -나(요)? が、ㄹ語幹形容詞はㄹが落ちて -ㄴ가(요)? がつく)

動	語幹＋나(요)?
存	語幹＋나(요)?
形	語幹＋ㄴ/은가(요)?
指	語幹＋ㄴ가(요)?

지금은 어디에 **사나**?*

이따가 시간이 있**나요**?

삼촌, 내주는 바쁘**신가요**?

저분이 유치원 선생님**인가요**?

☞ 「〜くありませんか」は、-지 않은가요?のほか -지 않나요?もよく使われます。

 POINT 3 　-ㄹ/을 텐데　〜(はずな)のに、〜だろうに

ある事実や状況についての話し手の推量を表す慣用表現。-ㄹ/을(未来連体形)＋터(はず)＋인데が結合 した形。(*ㄹ語幹はㄹが落ちて -ㄹ 텐데がつく)

| 母音語幹＋ㄹ 텐데 |
| ㄹ語幹＋ㄹ 텐데 |
| 子音語幹＋을 텐데 |

형님도 바쁠 **텐데** 제가 할게요.

큰딸도 힘들 **텐데** 걱정이네요.*

말하면 막내가 충격을 받**을 텐데**.

☞ -ㄹ/을 텐데에요をつけることもできます。例）형님도 바쁠텐데요.

練習 4-1) 連体形＋것 같아요を用いて文を完成させ、発音してみましょう。♪ 16

例) 가: 하늘을 보니 비가 (오다 → 올 것 같아요).
　　 나: 정말 그러네요.

1) 가: 따님은 누구를 닮았어요?
　　 나: 할머니를 많이 (닮다 → 　　　　　　　　　).
2) 가: 이모 집 개는 새끼를 낳았을까?
　　 나: 페이스북을 보니까 새끼를 (낳다 → 　　　　　　　).
3) 가: 수아가 태어난 병원은 아직 있을까?
　　 나: 내과 옆에 있었는데 (없어지다 → 　　　　　　　).
4) 가: 빨리 밥 먹으러 가요. 배고파서 (죽다 → 　　　　　　　).
　　 나: 알았어. 내가 맛있는 거 사 줄게.

練習 4-2) -나요?、ㄴ/은가요? を用いて文を完成させ、発音してみましょう。♪ 17

例) 가: 아이들은 무슨 놀이를 (하다 → 하나요)?
　　 나: 물놀이도 하고 공놀이도 하는 것 같아요.

1) 가: 실례지만 어느 분이 유치원 (원장님이다 → 　　　　　　)?
　　 나: 맨 왼쪽 분이 원장님인 것 같아요.
2) 가: 문제가 해결된 게 (틀림없다 → 　　　　　　)?
　　 나: 네. 틀림없는 것 같아요.
3) 가: 내달에 무슨 중요한 일이 (있다 → 　　　　　　)?
　　 나: 전 잘 모르겠는데요.
4) 가: 걷는 게 너무 느리지 (않다 → 　　　　　　)?
　　 나: 원래 걷는 게 좀 느려요.

練習 4-3) 例にならって一つの文にし、日本語に訳しましょう。

例) 바쁘시다 / 와 주셔서 고맙다
　　➡ 바쁘실 텐데 와 주셔서 고마워요. (お忙しいのに来てくださってありがとうございます)

1) 회장님도 참가하시다 / 빠짐없이 자료를 준비해 주다
　　➡
2) 틀림없이 수많은 사람들이 지켜보다 / 긴장되다
　　➡
3) 그간 마음고생이 심했다 / 편히 쉬다
　　➡
4) 사모님은 전혀 몰랐다 / 충격을 받았겠다
　　➡

(삼십삼) 33

몸과 건강

| 会 話 | スミンは、幼稚園の時から親しくしている園長先生のお見舞いに行きました。 |

수민 ❶ 교통사고로 발목 뼈를 다치셨다고 들었는데, 다 나으**셨나요**?

원장 ❷ 응. 그때 발목뿐 아니라, 여기 턱하고 입술, 눈가도 크게 다쳐서 아주 고생했어.

❸ 세 달쯤 입원했다가 다들 걱정해 준 덕분에 지난주에 퇴원했어.

수민 ❹ 어? 쌍꺼풀 수술도 하셨어요?

원장 ❺ 아니야. 늙으니까 살이 빠져서 그래.

수민 ❻ 더 멋있어지신 **것 같**아요. 사모님은요?

원장 ❼ 집사람은 요즘 머리카락이 많이 빠진다고 아까 병원에 갔어.

❽ 나 때문에 무리를 해서 그런 **것 같**아.

수민 ❾ 네. 저, 내년에 고향으로 내려가신다고 들었어요.

원장 ❿ 유치원만 아니면 벌써 내려갔**을 텐데**.

⓫ 공기 맑고 경치 좋은 시골에 가서 농사나 지으려고.

수민 ⓬ 시골에 누가 계셔요?

원장 ⓭ 형님 한 분. 누님은 젊어서 돌아가셨어.

⓮ 형님이 심장이 안 좋아서 수술하고 지금 치료를 받고 있거든.

수민 ⓯ 네. 걱정되시겠어요.

원장 ⓰ 노후에 아프지 말고 건강해야 할 **텐데** 주위에 환자들뿐이야.

수민 ⓱ 아드님도 같이 가시**나요**?

원장 ⓲ 아들 가족하고. 손자도 다 같이 갈 거야.

⓳ 시간 되면 점심이라도 같이 먹으면 좋**을 텐데**.

수민 ⓴ 아니에요. 다음에 또 올게요. 그럼, 안녕히 계세요.

☑ 音読 Check!　| 正 |　|　|　|

☑ 発音 Check!

❻ 사모님은요[사모니믄뇨]

　（ㄴの挿入→ p.50）

⓫ 맑고[말꼬]　좋은[조은]

⓴ 올게요[올께요]

単語と表現　♪19

□ 교통 交通　▶교통사고	□ 사모님 準2 奥様（師・先生・目上の人の夫人）
□ 사고 事故　▶사고가 나다	□ 집사람[집싸람] 家内、妻
□ 발목 足首　▶손목 手首	□ 형님 お兄さん
□ 뼈 骨　▶갈비뼈	□ 누님 準2 お姉さん（누나の敬語）
□ 턱 あご	□ 아드님 息子さん（아들の敬語）　▶따님
□ 입술[입쑬] 唇	□ 손자(孫子) 男の孫　▶손녀(孫女) 孫娘
□ 눈가[눈까] 目尻、目の端	□ 늙다[늑따] 老いる
□ 쌍꺼풀 準2 二重まぶた	□ 멋있다 素敵だ　▶멋있어지다 素敵になる
□ 살 肉、肌　▶살이 찌다⇔살이 빠지다	□ 맑다[막따] 晴れている、澄んでいる
□ 머리카락 髪の毛　▶머리가 빠지다	□ 젊다[점따] 若い
□ 무리 無理	□ 건강하다 健康だ、元気だ
□ 유치원 幼稚園	□ 고생(하) 苦労
□ 공기 空気　▶맑은 공기	□ 입원(하)(⇔퇴원) 入院(⇔退院)
□ 경치(景致) 景色	□ 빠지다 落ちる、抜ける、はまる、溺れる
□ 시골 田舎	□ 수술(하) 手術
□ 농사(農事) 準2 農業、畑仕事　▶농사를 짓다	□ -뿐(만) 아니라 〜だけではなく　→ p.110
□ 심장 心臓	□ -ㄴ/은 덕분에 〜したおかげで
□ 치료 治療　▶치료를 받다	□ -아/어지다 〜く / になる（変化）　→ p.40
□ 노후 老後　▶노인 老人	□ -아/어서 그러다〈어変〉 〜だからそうだ
□ 주위(=주변) 周囲	□ -만 아니면 〜さえなければ
□ 환자 患者、病人	□ -뿐 〜だけ、〜ばかり、〜のみ（助詞）

1. 교통사고를 당한 사람은 누구예요?

2. 선생님은 쌍꺼풀 수술도 하셨대요?

3. 사모님은 왜 병원에 갔대요?

4. 선생님은 시골에 내려가서 뭘 하신대요?

5. 선생님의 형님은 어디가 안 좋대요?

6. 선생님은 시골에 누구랑 같이 가신대요?

単語力 Up

사(事)	무(無)	발-	손-	-가
사건	**무**료	**발**목	**손**목	눈**가**
사무	**무**시	**발**가락	**손**등	입**가**
사업	**무**의미	**발**바닥	**손**바닥	창**가**
사정	**무**조건	**발**톱	**손**톱	바닷**가**

練習 4-4　「単語力 Up」から適当な単語をすべて選び、発音してみましょう。

1) 집사람이 사무직이니까 학교 (　　　　　　　　)를/을 잘 알 거예요.

2) 바닷가에서 놀다가 (　　　　　　)를/을 다쳤다고 하네요.

3) 치료비는 무조건 전부 (　　　　　　)라고 합니다.

4) 형님이 손목을 다쳐서 내가 (　　　　　　)을 깎아 드렸다.

もっと知りたい！ 어変則

「이러다 こうする / こう言う」「그러다 そうする / そう言う」「저러다 ああする / どう言う」「어쩌다 どうする」の語幹に어で始める語尾(や補助語幹)がつく時、ㅐに変わります。これを「어変則」といいます。

그러＋어＝그래 そう言う、そうなの　　그러＋어도＝그래도 そうしても、それでも

그러＋어서＝그래서 そうして　　그러＋어야＝그래야 そうしなければ、それでこそ

어쩌＋어서＝어째서 どうして　　어쩌＋었어요＝어쨌어요? どうしましたか

練習 4-5 　次の文にふさわしいものを選びましょう。

1) 고모도 소식을 듣고 깜짝 (① 놀랐을 텐데 ② 놀랐는데) 어떡하죠?

2) 그래도 많이 (① 아플 텐데 ②아픈데) 막내가 잘 참는 것 같아요.

3) 큰엄마도 이제 여유가 (① 생겼을 텐데 ② 생겼는데) 내가 연락해 볼까?

4) 나는 운동하면 살이 (① 빠질 텐데 ② 빠지는데) 너는 반대네.

練習 4-6 　–아서/어서 그런 것 같아요を用いて対話を完成させ、会話の練習をしましょう。20 ♪

| 일이 잘못되다　　대화를 피하다　　손이 모자라다　　발을 빼다 |

1) 가: 회사 사정이 안 좋은 것 같아요.
　 나: 외식 사업에서 (　　　　　　　　　　　　　).
　 　 조금만 고생하면 좋아지겠죠.

2) 가: 매일 야근이네요.
　 나: 일은 많은데 (　　　　　　　　　　　　　).
　 　 이 업무만 끝나면 좀 나아지겠죠.

3) 가: 사장님은 어디를 그리 급하게 가신대요?
　 나: 맡은 (　　　　　　　　　　　　　).
　 　 요즘 사업이 어렵다고 하셨어요.

4) 가: 엄마가 화난 것 같은데.
　 나: 제가 (　　　　　　　　　　　　　).
　 가: 피한다고 해결될 일도 아니고 잘 이야기해 봐.

練習 4-7 　韓国語で言ってみましょう。

1) 早く風邪が治らなければならないのに、心配です。

2) 1カ月間、ダイエットをして少し痩せたようです。

3) そんなにおいしい料理を毎日食べたら太りそうです。

4) 空気のいい田舎に行って何がしたいんですか。

-기を含む慣用表現

-기は、用言を「名詞」に変化させる語尾です。

例) 듣다 → 듣**기** (聞くこと、リスニング)

　　달리다 → 달리**기** (走ること、ランニング)

-기を含む慣用表現を確認しておきましょう。

		例文	頁
-기(를) 바라다	～することを願う	꿈이 이루어지**기를 바란다**.	65
-기(를) 원하다	～することを願う / 望む	안정적인 직업을 갖**기를 원하신다**.	118
-기 시작하다	～し始める	열이 나**기 시작했다**.	87
-기 전에	～する前に	식**기 전에** 어서 먹자.	14
-기 직전에	～する直前に	여기 오**기 직전에** 내과에 들렀는데.	84
-기에 앞서(서)	～するのに先立って	그를 만나**기에 앞서** 병원에 들렀다.	87
-기 때문에	～するので	번역료를 받았**기 때문에** 밥을 샀다.	45
-기 때문이다	～するためだ	집중력이 떨어지**기 때문이다**.	79
-기(가) 쉽다	～しやすい、～しがちだ	차가 있다면 가**기 쉬운데**.	18
-기(가) 어렵다	～しにくい、～しがたい	예약하**기 어렵다**.	18
-기(가) 힘들다	～しにくい、～しづらい	침을 삼키**기가 힘들어요**.	84
-기에 좋다	～するのによい	산책시키**기에 좋은** 날씨네.	88
-기는 하다	～することはする	본 적이 있**기는 한데**, 왜요?	48
-기도 하다	～したりもする	가끔 만나**기도 한다**.	111
-기로 하다	～することにする	여행을 가**기로 했**거든요.	90

ハングル能力検定試験 3 級模擬テスト①

〈発音のルール〉

1. 下線部を発音どおりに表記したものを①〜④の中から 1 つ選びなさい。

    1) 앉을 자리가 <u>없네요</u>.

    ① 업네요　　　　② 엄네요　　　　③ 얻네요　　　　④ 언네요

    2) 설명을 <u>못 알아들었어요</u>.

    ① 모다라드러써요　② 모사라드러써요　③ 모다라드럳써요　④ 모싸라드러써요

    3) <u>몇 인분</u> 드릴까요?

    ① 며친분　　　　② 며신분　　　　③ 며딘분　　　　④ 며진분

    4) 물이 <u>끓는</u> 소리가 났다.

    ① 끄는　　　　　② 끈는　　　　　③ 끌는　　　　　④ 끌른

    5) <u>한국 요리</u>는 다 잘 먹어요.

    ① 한궁뇨리　　　② 한구뇨리　　　③ 한구교리　　　④ 한궁료리

〈語句の置き換え〉

2. 下線部の意味に最も近いものを①〜④の中から 1 つ選びなさい。

    1) 컴퓨터를 잠깐 <u>써도</u> 돼요?

    ① 만져도　　　　② 구해도　　　　③ 사용해도　　　④ 가져가도

    2) 회사를 <u>그만두고</u> 대학원에 갈까 해요.

    ① 소비하고　　　② 관두고　　　　③ 건너가고　　　④ 내놓고

    3) 새로운 문제가 <u>생겼어요</u>.

    ① 발생했어요　　② 발전했어요　　③ 발견했어요　　④ 발달했어요

    4) 음료수를 <u>공짜</u>로 마실 수 있대요.

    ① 문제　　　　　② 무시　　　　　③ 무료　　　　　④ 물건

    5) 오늘은 <u>별로</u> 안 바빠요.

    ① 어서　　　　　② 절대로　　　　③ 빨리　　　　　④ 그리

☞ 解答は、p.53。

제5과　ショッピング

学習目標：「～く／になる」「～みたいだ」「～だなんて」の表現を学びます。

21 ♪
> 발음이 좋아졌네. 많이 연습했나 봐.　　発音がよくなったね。ずいぶん練習したみたい。
>
> 좋아지기는요. 아직 멀었어요.　　　　よくなったなんて。まだまだです。

POINT 1　–아/어지다　～く／になる　（変化）

形容詞の語幹について状態の変化を表す表現。変則用言に注意！

陽母音語幹＋아지다
陰母音語幹＋어지다
하다用言하+여지다 → 해지다

발음은 점차 좋아져요.
날씨가 점점 추워졌어요.
부엌이 아주 깨끗해졌다.

☞「名詞＋になる」は –가/이 되다で表現します。例）교사가 되었다.

POINT 2　–나 보다, –ㄴ/은가 보다　～みたいだ、～ようだ　（推量）

ある状況を見て推察する時に用いられる慣用表現。過去形は品詞を問わず –았/었나 보다となります。
(*ㄹ語幹動詞はㄹが落ちて나 보다が、ㄹ語幹動形容詞はㄹが落ちて –ㄴ가 보다がつく)

動 語幹＋나 보다
存 語幹＋나 보다
形 語幹＋ㄴ/은가 보다
指 語幹＋ㄴ가 보다

밖에 비가 오나 봐.
볼일이 있나 보네.
여기서 먼가 봐요.*
저분은 교포인가 봐.

POINT 3　–기는(요)　～だなんて　（反論）

反論を表す慣用表現。何かを言われて「そんなことはありません」という意味合いで用います。話し言葉ではしばしば縮約形の –긴(요) が使われます。

語幹＋기는(요)
語幹＋긴(요)

가: 영어 회화를 잘하시네요.
나: 잘하기는요. 아직 멀었어요.
가: 한국어 문법도 많이 아네요.
나: 많이 알긴요. 모르는 게 더 많아요.

練習 5-1　例にならって一つの文にし、日本語に訳しましょう。

例) 연습을 하다 / 발음이 정확하다
➡ 연습을 하면 발음이 정확해져요. (練習をすれば発音が正確になります)

1) 한국어를 공부하다 / 인생이 즐겁다
　➡

2) 매일같이 웃다 / 얼굴이 예쁘다
　➡

3) 주변 상황을 보다 / 마음이 답답하다
　➡

4) 옛날 일을 생각하다 / 자신이 부끄럽다
　➡

練習 5-2　-나 보다, -ㄴ/은가 보다를 用いて答えてみましょう。 ♪22

例) 가: 이 삼계탕 집은 언제나 줄을 서야 돼요. (맛이 좋다)
　　나: 맛이 좋은가 보네요.

1) 가: 이 약은 수입품인데 잘 팔린대요. (효과가 있다)
　　나:

2) 가: 면세점에 쇼핑하는 사람이 많네요. (백화점보다 싸다)
　　나:

3) 가: 아빠가 신형 차로 바꾼대요. (드디어 결심을 했다)
　　나:

4) 가: 서비스센터에 확인해 본다고 했어요. (무슨 문제가 생겼다)
　　나:

練習 5-3　-긴요를 用いて文を完成させ、発音してみましょう。 ♪23

例) 가: 한국어를 정말 잘하시네요.
　　나: 잘하긴요. 잘 못해요.

1) 가: 귀걸이가 너무 비싸네요.
　　나: (　　　　　　　　　). 이건 싼 편이에요.

2) 가: 바지 길이가 좀 짧지 않나요?
　　나: (　　　　　　　　　). 전 딱 좋은데요.

3) 가: 전에 소개한 그 화장품은 다 팔렸나요?
　　나: (　　　　　　　　　). 아직 많이 남아 있어요.

4) 가: 그 목걸이는 선물로 받았나요?
　　나: (　　　　　　　　　). 제가 산 거예요.

쇼핑

会 話	セールの季節、恵美とスアは百貨店でショッピングを楽しんでいます。

에미 ❶ 오랜만에 보니 얼굴이 더 **예뻐졌**네요.

수아 ❷ 예뻐지**기는요**. 에미 씨야말로 좋은 일이 있**나 보**네요.

에미 ❸ 번역료를 받았거든요. 옷 구경부터 해요.

수아 ❹ 오늘 광고를 보니까 비옷을 세일한대요.

　　　❺ 저쪽 행사 매장으로 가 봐요.

에미 ❻ 나도 까만색 바지를 하나 사야 돼요.

수아 ❼ 그래요? 저 녹색 원피스 진짜 귀엽네요. 하얀색도 예쁘고.

에미 ❽ 어디? 오, 좋네요.

　　　❾ 수아 씨, 저 노란색 비옷은 어때요?

수아 ❿ 전 이 빨간색이 마음에 드네요. 가격도 적당하고.

에미 ⓫ 너무 빨갛지 않나요? 그것말고 이런 붉은색은 어때요?

점원 ⓬ 친구 분이 고른 거, 한번 입어 보세요. 신제품이에요.

수아 ⓭ (着替えて鏡の前で) 괜찮은 것 같은데 어때요?

점원 ⓮ 정말 잘 어울리세요. 길이도 딱 맞네요. 이 가격에 이만한 상품도

　　　　없어요. 계산대에서 계산 도와 드릴게요.

수아 ⓯ 현금이 부족하네. (카드를 꺼내며) 카드도 되죠?

점원 ⓰ 물론이죠. 우리 백화점 카드는 없으신가요?

　　　⓱ 행사 기간이라서 백화점 카드면 포인트가 세 배거든요.

수아 ⓲ 백화점 카드는 없어요.

점원 ⓳ 여기에 사인해 주세요. 영수증하고 이건 수건인데 서비스예요.

에미 ⓴ 저도요? 수아 씨 덕분에 타올 하나 얻었네요. ^^

☑ 音読 Check!　　正

☑ 発音 Check!
❶ 예뻐졌네요[예뻐전네요]
❷ 예뻐지기는요[예뻐지기는뇨]
❸ 받았거든요[바닫꺼든뇨]
❽ 좋네요[존네요]
⓫ 빨갛지 않나요[빨가치안나요]
⓮ 딱 맞네요[땅만네요]
⓯ 부족하네[부조카네]
⓰ 세 배거든요[세배거든뇨]

単語と表現 🎵 25

□ 번역료[버녕뇨] 翻訳料 ▶수업료	□ 딱 ぴったり、ちょうど
□ 광고 広告	□ 물론(勿論) もちろん
□ 비옷 レインコート	□ 까맣다⟨ㅎ⟩ 黒い ▶까만색
□ 행사 行事、催し、イベント	□ 하얗다⟨ㅎ⟩ 白い ▶하얀색=흰색
□ 매장(売場) 準2 売り場	□ 노랗다⟨ㅎ⟩ 黄色い ▶노란색
□ 녹색[녹쌕] 緑色	□ 빨갛다⟨ㅎ⟩ 赤い ▶빨간색
□ 원피스 ワンピース	□ 적당하다 適当だ
□ 제품 製品 ▶신제품	□ 이렇다⟨ㅎ⟩ このようだ ▶이런
□ 길이 長さ	□ 붉다[북따] 赤い ▶붉은색
□ 가격 価格、値段	□ 이만하다 これぐらいだ
□ 상품 商品	□ 부족하다(=모자라다) 不足だ、足りない
□ 계산대(計算台) レジカウンター	□ 구경(하) 見物、観覧
□ 현금 現金	□ 고르다⟨르⟩ 選ぶ
□ 카드 カード ▶신용카드	□ 어울리다 似合う、交わる
□ 기간 期間	□ 도와 드리다 手伝ってさしあげる
□ 포인트 ポイント	□ 꺼내다 取り出す
□ –배 〜倍 ▶두 배	□ 사인(하) サイン、署名 ▶사인펜, 사인회
□ 영수증 領収証、レシート	□ –(이)야말로 〜こそ（助詞）
□ 수건(手巾)(=타올) タオル、手ぬぐい	□ –(ㄴ/는)대요 〜するそうです
□ 서비스 サービス	□ –말고 〜でなくて（助詞）
□ 덕분[덕뿐] おかげ ▶덕분에	□ –(으)며 〜しながら → p.110

1. 에미에게 무슨 좋은 일이 있대요?

2. 수아는 세일 정보를 어디서 알았대요?

3. 에미는 뭘 사려고 하나요?

4. 수아는 무슨 색 비옷을 샀나요?

5. 수아는 카드로 샀나요? 현금으로 샀나요?

6. 수아와 에미는 서비스로 뭘 받았나요?

単語力 Up

요/료(料)	행(行)	현(現)①	신(新)-	-옷
요리	행사	현금	신차	비옷
요금	행동	현실	신형	잠옷
번역료	행위 準2	현재	신제품	속옷
수업료			신기록	

練習 5-4 「単語力 Up」から適当な単語をすべて選び、発音してみましょう。

1) 우리집 근처 백화점에서 (　　　　)를/을 세일한대요.

2) 행사 매장에서 (　　　　)는/은 세일이 아니래요.

3) 신차 판매가 (　　　　)을 세웠다고 들었어요.

4) 현재 (　　　　)를/을 현금이 아니라 카드로 내도 되나요?

もっと知りたい！　ㅎ変則

좋다以外の形容詞は変則活用をします(놓다などの動詞はすべて正則用言です)。

語尾 原形	ㅎの脱落、ㅏ/ㅓ→ㅐ、ㅑ/ㅕ→ㅒ		ㅎと으の脱落	
	-아요/어요	-았/었-	-으면	-은（連体形）
이렇다 こうだ	이래요	이랬어요	이러면	이런 것
노랗다 黄色い	노래요	노랬어요	노라면	노란 것
하얗다 白い	하얘요	하얬어요	하야면	하얀 것

練習 5-5 　下の語句を用いて、会話の練習をしましょう。

피부가 정말 하얗다	손톱이 아주 예쁘다	어휘가 대단히 풍부하다
토끼 그림이 귀엽다	산책 코스가 좋다	초등학생이 절을 잘한다
음식을 많이 차리셨다	일이 잘 풀려서 잘됐다	

피부가 정말 하얗네요.

하얗기는요./하얗긴요.

練習 5-6 　-아/어졌어요か -게 됐어요를 用いて、過去と現在を比較して言ってみましょう。

過去	現在
1) 한국어 노래를 별로 듣지 않았다.	유튜브로 케이팝을 많이 듣는다.
2) 물가가 그리 비싸지 않았다.	야채를 비롯해 물가가 많이 비싸다.
3) 지갑에 현금을 많이 가지고 다녔다.	스마트폰이나 카드를 쓰는 일이 많다.
4) 집 주변에 체육 시설이 없었다.	스포츠센터가 생겨서 편리하다.
5) 드라마나 영화를 좋아했다.	콘서트에 가는 걸 좋아한다.

☞ -게 되다는動詞の語幹について「～ようになる」「～ことになる」という状況の変化を表します。

전에는 한국어 노래를 별로 듣지 않았는데

요즘은 유튜브로 케이팝을 많이 듣게 됐어요.

練習 5-7 　スアと会った日に恵美が書いた文章を読んでみましょう。
　　　　　またスアの立場で第5課の内容を書いてみましょう。

　오늘은 오랜만에 수아 씨를 만나서 쇼핑을 했다. 수아 씨는 볼 때마다 예뻐지는 것 같다. 나도 백화점에 간 김에 검정색 바지를 하나 샀다. 쇼핑을 한 뒤에 수아 씨랑 맛있는 스파게티를 먹으러 갔다. 알바를 해서 번역료를 받았기 때문에 내가 밥을 샀다.

-ㄹ/을 때마다 ～する度に　　-ㄴ/은 김에 ～したついでに　　밥을 사다 おごる

 제6과 趣味

学習目標：「〜したり、〜か」「〜ねえ」「〜のか」の表現を学びます。

♪26

| 음악을 듣거나 콘서트에 가는군요. | 音楽を聴いたりコンサートに行くんですね。 |
| 어떤 드라마가 재미있는지 알려 줄래? | どんなドラマが面白いのか教えてくれる？ |

 POINT 1 ‐거나 ①〜したり ②〜か、〜とか （並列・選択）

並列や選択などを表す接続語尾。‐거나 ‐거나 하다は「〜したり〜したりする」という意味です。

語幹＋거나

책을 읽거나 유튜브를 보거나 해요.
열이 나거나 머리가 아플 때 먹는 약.

☞ ‐거나の用法にはこの他に、③「〜しても」（疑問詞と共に使われる）、④「〜しようが（しまいが）」
（거나 ‐거나の文）もあります。③④の場合は、‐건に置き換えることができます。
例）③무엇을 입거나(=입건) 잘 어울려요.
④점심을 먹거나 말거나(=먹건 말건) 마음대로 해.

 POINT 2 ‐군(요) 〜ねえ、〜なぁ （感嘆）

感嘆を表す終結語尾。過去形は品詞を問わず ‐았/었군(요)です。
(*ㄹ語幹動詞はㄹが落ちて ‐는군요がつく)

| 動 語幹＋는군(요) |
| 存 語幹＋군(요) |
| 形 語幹＋군(요) |
| 指 語幹＋군(요) |

다들 아는군요.*/알았군요./알겠군요.
바위가 정말 멋있군요.
경치가 아주 아름답군요.
짧은 치마가 유행이군요.

☞ ‐군は ‐구나の縮約形。なお군요の発音は「ㄴ」の挿入により군뇨となります(→ p.50)。

 POINT 3 ‐는(ㄴ/은)지 〜のか、〜か(どうか)

文中の疑問を表す接続語尾。過去形(〜したのか)は品詞を問わず ‐았/었는지です。‐는지の後には는・를・
도などの助詞がつくこともあります。(*ㄹ語幹はㄹが落ちて ‐는지、‐ㄴ지がつく)

| 動 語幹＋는지 |
| 存 語幹＋는지 |
| 形 語幹＋ㄴ/은지 |
| 指 語幹＋ㄴ지 |

수업 중에 조는지 조용했다.*
그날 시간이 있는지도 물어봐 줄래?
길이가 긴지 짧은지는 알 수 없대.*
직장인인지 대학생인지 모르겠어요.

☞ ‐는(ㄴ/은)지に요をつけることもできます。例）누가 대학생인지요?

練習 6-1   例にならって一つの文にし、日本語に訳しましょう。

例) 공놀이를 하다 / 볼링을 하다
    ➡ 공놀이를 하거나 볼링을 해요. (ボール遊びをしたりボーリングをします)

1) 연휴엔 온천에 가다 / 스케이트를 타러 가다
   ➡

2) 휴일엔 유튜브를 보다 / 친구들과 공을 차다
   ➡

3) 토요일엔 쿠키를 굽다 / 레몬주스를 만들다
   ➡

4) 일요일엔 빨래를 하다 / 드라이브를 하다
   ➡

練習 6-2   例にならって文を完成させ、発音してみましょう。♪ 27

例) 가: 좀 지쳐 (보이다 → 보이는군요).
    나: 며칠 밤을 새웠거든요.

1) 가: 한국말을 아주 (잘하시다 →   ).
   나: 뭘요. 아직 멀었어요.
2) 가: 그분은 교포가 (아니다 →   ).
   나: 네. 사촌 동생이 재일교포래요.
3) 가: 지난달에 (귀국하셨다 →   ).
   나: 네. 이번에 아주 귀국했어요.
4) 가: 이미 이삿짐센터에 (맡겼다 →   ).
   나: 네. 그게 편하다고 해서요.

練習 6-3   -는지, -ㄴ/은지を用いて文を完成させて、日本語で訳してみましょう。

例) 강물이 (깊다 → 깊은지) 얕은지 도대체 알 수가 없다.
    ➡ 川が深いのか浅いのかまったくわからない。

1) 뭘 (좋아하다 →   ) 몇 가지 물어봐도 되느냐고 물었다.
   ➡

2) 아이가 밥을 흘리지 않고 먹을 수 (있다 →   ) 잘 살펴보라고 했다.
   ➡

3) 운동회 때 얼마나 공을 힘차게 (찼다 →   ) 멀리까지 날아갔다.
   ➡

4) 이 그림은 (호랑이이다 →   ) 고양이인지 잘 모르겠다.
   ➡

취미

28

수민　❶ 주말엔 주로 뭐하고 지내요?

에미　❷ 알바를 하**거나** 알바가 없을 땐 유튜브를 봐요.

수민　❸ 무슨 유튜브?

에미　❹ 한국 드라마나 아이돌 콘서트 같은 걸 찾아서 봐요.

　　　❺ 특히 한국 드라마는 시대 배경이나 등장인물도 흥미롭고, 배우들의
　　　　연기나 대사도 몹시 재미있어요.

수민　❻ 그렇**군요**. 아, 드라마 작가가 꿈이라고 했죠?

　　　❼ 글쓰기는 잘돼요? 완성되면 나한테도 보여 줘요.

에미　❽ 네. 지금 조금씩 쓰고 있는 중이에요.

수민　❾ 난 고등학생 때, 한때 친한 친구들하고 음악을 했어요.

　　　❿ 시도 쓰고 곡도 만들고 노래도 하고요.

에미　⓫ 가사도요? 뜻밖이네요. 언제 노래방에 같이 가요.

수민　⓬ 좋아요. 근데 혹시 한국 씨름을 본 적이 있어요?

에미　⓭ 티브이 방송에서 두세 번 본 적이 있기는 한데, 왜요?

　　　⓮ 한국에선 인기 있는 스포츠라고요?

수민　⓯ 네. 관심이 있으면 씨름 대회 티켓이 있는데, 같이 갈래요?

　　　⓰ 공짜표가 세 장 생겼거든요.

에미　⓱ 좋죠. 전 중학생 때부터 체육을 제일 좋아해서 스포츠라면 다 좋아해요.
　　　　언제인**지** 날짜를 알려 주면 확인해 볼게요.

수민　⓲ 이따가 날짜와 시간을 카톡으로 보낼게요. 갈 수 있**는지** 내일까지 알려
　　　　줄래요? 수아도 같이 가고 싶대요.

에미　⓳ 알았어요.

☑ 音読 Check! 　正 [　][　][　]

☑ 発音 Check!

❻ 그렇군요[그러쿤뇨]

⑪ 뜻밖이네요[뜯빠끼네요]

⑯ 생겼거든요[생겯꺼든뇨]

⑰ 좋죠[조쵸]　볼게요[볼께요]

⑱ 있는지[인는지]

単語と表現 ♪29

☐ 유튜브 YouTube、ユーチューブ	☐ 주로 主に
☐ 아이돌 アイドル	☐ 특히[트키] 特に
☐ 콘서트 コンサート、公演(공연)	☐ 몹시[몹씨] とても、大変、非常に
☐ 시대 時代	☐ 조금씩 少しずつ ▶-씩 ～ずつ
☐ 배경 準2 背景	☐ 한때 ひと時、ある時
☐ 등장인물 登場人物 ▶등장(하)	☐ 뜻밖(에) 意外(に)
☐ 배우 俳優	☐ 이따가 あとで、のちほど
☐ 대사 準2 台詞、セリフ	☐ 흥미롭다〈ㅂ〉 興味深い ▶흥미
☐ 작가[작까] 作家 ▶극작가	☐ 그렇다〈ㅎ〉 そのようだ、そうだ
☐ 글쓰기 文章を書くこと	☐ 친하다(親-) 親しい
☐ 시 詩 ▶시인, 시집	☐ 연기(하) 演技
☐ 곡 曲 ▶작곡, 작곡가	☐ 잘되다 うまくいく、成功する
☐ 가사 歌詞	☐ 완성(하/되) 準2 完成
☐ 씨름 韓国相撲、シルム ▶팔씨름	☐ 방송(하) 放送 ▶방송국
☐ 인기[인끼] 人気	☐ 생기다 生じる、できる、手に入る
☐ 관심 関心 ▶관심사, 관심을 두다	☐ 확인(하) 確認
☐ 대회 大会	☐ 名詞+같은 ～のような
☐ 공짜(=무료) ただ、無料 ▶공짜표	☐ -고 -고 하다 ～したり～したりする
☐ 체육 体育	☐ -ㄴ/은 적이 있다 ～したことがある（経験）
☐ 날짜 日にち	☐ -기는 하다 ～することはする
☐ 카톡(카카오톡の縮約形) カカオトーク	☐ -ㄹ/을래요? ～しますか?

1. 에미는 주말에 주로 뭐하고 지내요?

2. 에미는 왜 한국 드라마를 본대요?

3. 수민이는 고등학교 때 무슨 활동을 했나요?

4. 에미는 한국의 씨름을 본 적이 있대요?

5. 에미는 고등학생 때 어떤 과목을 좋아했나요?

6. 씨름 대회는 몇 명이서 보러 간대요?

↗ 単語力 Up ↗

체(体)	대(大)	작(作)	인(人)	최(最)②
체육	대중	작가	인간	최소
체조	대량	작품	인류	최초
체험	대부분	작업	인구	최악
	대통령		인정	최저

練習 6-4　「単語力 Up」から適当な単語をすべて選び、発音してみましょう。

1) 이번 작품전에는 (　　　　　　)들이 많이 보러 왔대요.

2) 대부분의 작품은 (　　　　　　) 비용으로 만들었대요.

3) 딴 작가들과 함께 공동으로 (　　　　　　)한 거래요.

4) 다음 작품의 테마는 (　　　　　　)의 행복이랍니다.

もっと知りたい！　ㄴの挿入

パッチムで終わる単語の後に이/야/여/요/유がつづくと、「ㅇ」のところに「ㄴ」が挿入され、니/냐/녀/뇨/뉴という発音になります。（ㄴの挿入による鼻音化・流音化に注意！）

① 合成語や派生語
例）집안일(집안＋일)[지반닐]　　십육 16(십＋육)[십뉵 → 심뉵]

② 二つの単語を一気に発音する時
例）한국 영화[한국녕화 → 한궁녕화]　　못 읽어요[몯닐거요 → 몬닐거요]

③ 終結語尾の「요」がつく時
例）거든요(거든＋요)[거든뇨]　　정말요(정말＋요)[정말뇨 → 정말료]

練習 6-5　次の質問に答えてみましょう。またインタビューして言ってみましょう。

科目(과목)	時間つぶし、趣味
국어 수학 과학 체육 음악 미술	영화 보기 / 음악 듣기 한국어를 공부하기 / 유튜브 보기 친구하고 놀기 / 아이돌 콘서트에 가기 쇼핑하기 / 산책하기 운동하기 / 드라이브하기 티브이 보기 / 낮잠 자기

1) 고등학교 때 어떤 과목을 제일 좋아했어요?

 저는 과학보다 체육을 더 좋아했어요.

2) 주말이나 시간이 있을 때 주로 뭘 하고 지내나요?

 쇼핑을 하거나 친구하고 만나서 맛있는 걸 먹으러 가요.

3) 최근에 관심을 가지게 된 게 있나요?

 화장법이나 여행에 대해 관심을 가지게 됐어요.

練習 6-6　音声を聞いて、内容と一致すれば○を、一致しない場合は×をつけましょう。♪ 30

1) (　　　) 초등학생 때는 국어와 미술을 제일 좋아했다.

2) (　　　) 중학생이 되고 나서 자기가 쓴 시로 노래를 만들기도 했다.

3) (　　　) 고등학생 때는 미술반에서 그림을 그리거나 피아노를 쳤다.

4) (　　　) 대학에 들어와서 본격적으로 음악 활동을 하고 있다.

練習 6-7　スミンと会った日に恵美が書いた文章を読んでみましょう。
またスミンの立場で第6課の内容を書いてみましょう。

 수민 씨가 한국의 씨름을 본 적이 있느냐고 물었다. 내가 방송에서 몇 번 본 적이 있다고 하니까 씨름 대회의 공짜표가 생겼다고 나보고 같이 보러 가자고 했다. 씨름 경기장에는 한 번도 가 본 적이 없어서 정말 기대된다.

-느냐고 ～のかと　　-보고 ～(人)に、～に向かって(助詞)　　-자고 ～しようと

慣用句（3級）〈1〉

가슴
- ☐ 가슴이 답답하다 　　　　胸が苦しい
- ☐ 가슴이 떨리다 　　　　　胸が震える
- ☐ 가슴이 뜨겁다 　　胸が熱い、情熱的だ

귀
- ☐ 귀가 멀다 　　　　　　　耳が遠い
- ☐ 귀가 아프다 　　耳が痛い、聞き飽きる
- ☐ 귀에 들어가다 　　　　　耳に入る

눈
- ☐ 눈에 들다 　　　　目に入る、気に入る
- ☐ 눈에 띄다 　　　　目立つ、目に付く
- ☐ 눈을 감다 　　目をつぶる、永眠する
- ☐ 눈을 끌다 　　人目を引く、目を奪う
- ☐ 눈을 돌리다 　　目を向ける、目をやる
- ☐ 눈이 낮다 　　　　　　見る目がない
- ☐ 눈이 높다 　　見る目がある、目が高い
- ☐ 눈이 빠지게 기다리다 　首を長くして待つ

머리
- ☐ 머리가 무겁다 　　気が重い、気が滅入る
- ☐ 머리가 복잡하다 　　頭が混乱している
- ☐ 머리를 앓다 　　頭を悩ます、頭を抱える
- ☐ 머리를 흔들다 　　頭を横に振る、否定する
- ☐ 머리에 들어오다 　　頭に入る、理解する

목
- ☐ 목이 마르다 　　のどが乾く、渇きを覚える
- ☐ 목이 빠지다 　　　　首を長くして待つ

손발
- ☐ 손발이 맞다 　　息が合う、足並みが揃う
- ☐ 손발을 맞추다 　　　　　息を合わせる

손
- ☐ 손에 넣다 　　　　　　　手に入れる
- ☐ 손에 들어오다 　　手に入る、手にする
- ☐ 손을 들다 　　触る、手を出す、手を付ける

- ☐ 손을 들다 　　　　手を上げる、降伏する
- ☐ 손을 떼다 　　　　　　　手を引く
- ☐ 손을 멈추다 　　　　　　手を止める
- ☐ 손을 빌리다 　　　　　　手を借りる
- ☐ 손을 쓰다 　　　手を回す、手を打つ
- ☐ 손을 잡다 　手を取る、手を握る、力を合わせる
- ☐ 손이 모자라다 　　　　人手が足りない
- ☐ 손이 빠르다 　　手際が良い、仕事が早い

발
- ☐ 발이 넓다 　　　　　　　顔が広い
- ☐ 발을 빼다 　　　足を引く、足を洗う
- ☐ 한 발 늦다 　　　　　　一足遅れる

심장
- ☐ 심장이 강하다 　　　　　度胸がある
- ☐ 심장이 약하다 　　　　　度胸がない

어깨
- ☐ 어깨가 가볍다 　　　　　気が楽だ
- ☐ 어깨가 무겁다 　　　　肩の荷が重い
- ☐ 어깨를 나란히 하다 　　　肩を並べる

얼굴
- ☐ 얼굴을 내밀다 　　　　　顔を出す
- ☐ 얼굴을 못 들다 　　　　面目が立たない

입
- ☐ 입 밖에 내다 　　　口に出す、言う
- ☐ 입에 대다 　　　口にする、たしなむ
- ☐ 입에도 못 대다 　　口もつけられない
- ☐ 입을 막다 　　口をふさぐ、口止めをする
- ☐ 입을 맞추다 　キスをする、口裏を合わせる
- ☐ 입을 모으다 　　　　　　口を揃える
- ☐ 입을 열다 　　　口を開く、口を割る
- ☐ 입이 가볍다 　　　　　　口が軽い
- ☐ 입이 무겁다 　　　　　　口が重い
- ☐ 입이 벌어지다 　　呆れてものが言えない

ハングル能力検定試験 3 級模擬テスト②

〈発音のルール〉

1．下線部を発音どおりに表記したものを①〜④の中から 1 つ選びなさい。

1) 작년엔 밤낮없이 공부만 했어요.

① 밤나접씨　　　② 밤자접시　　　③ 밤나덥씨　　　④ 밤나접시

2) 매운 건 잘 못 먹어요.

① 몬머거요　　　② 몽머거요　　　③ 몸머거요　　　④ 몯머거요

3) 책상 정리는 잘 못해요.

① 책쌍정리　　　② 챙쌍정리　　　③ 챙쌍전니　　　④ 책쌍정니

4) 아침엔 일찍 못 일어나요.

① 모실러나요　　② 몬이러나요　　③ 몬니러나요　　④ 모시러나요

5) 합격할 가능성도 있어요.

① 합껴깔　　　　② 합껴칼　　　　③ 함겨칼　　　　④ 함겨깔

〈連語や慣用句〉

2．（　　）に入るもっとも適切なものを①〜④の中から 1 つ選びなさい。

1) 박 팀장은 입이 （　　　） 진짜 비밀로 해야 돼요.

① 높으니까　　　② 가벼우니까　　③ 무거우니까　　④ 어두우니까

2) 지난달에 수술한 후 살이 많이 （　　　）.

① 빠졌다　　　　② 늘었다　　　　③ 줄었다　　　　④ 줄어들었다

3) 우리 사장님은 발이 （　　　） 모르는 사람이 없어요.

① 좁아서　　　　② 넓어서　　　　③ 커서　　　　　④ 작아서

4) 오늘은 머리가 （　　　） 아무데도 안 나가고 집에 있었다.

① 작아서　　　　② 무서워서　　　③ 가벼워서　　　④ 무거워서

5) 살이 너무 （　　　） 저도 운동해야 돼요.

① 늘어서　　　　② 줄어서　　　　③ 쪄서　　　　　④ 상해서

☞ 解答は、p.66。

p.39 模擬テスト①の解答

| 1．1) ② | 2) ① | 3) ③ | 4) ④ | 5) ① | | 2．1) ③ | 2) ② | 3) ① | 4) ③ | 5) ④ |

 제**7**과 学校生活

学習目標：「～しようとすれば」「～しなくちゃ」「～していては」の表現を学びます。

31
♪
> 졸업하려면 학점을 따야지.　　卒業するには単位を取らなくちゃ。
>
> 놀기만 하다가는 졸업 못 한다.　　遊んでばかりしていたら卒業できないよ。

 POINT 1　-(으)려면　～しようとすれば、～したければ、～(する)には

意図や希望、近い将来の仮定を表す接続語尾。

母音語幹＋려면
ㄹ語幹＋려면
子音語幹＋으려면

성공을 하려면 기회를 잘 잡아야 돼.
하늘을 날려면 날개가 필요해.
손님을 맞으려면 청소해야 하는데.

 POINT 2　-아/어야지(요)　～しなくちゃ、～するべきだ

　意志確認の終結語尾。強い条件を表す아야/어야(→ p.68)に確認の지が結合した形。話し手のことを言う場合は自分の決心や意志を、聞き手のことを言う場合は「そうするべきだ」「そのほうがいい」という意味合いがあります。

陽母音語幹＋아야지(요)
陰母音語幹＋어야지(요)
하다用言하＋여야지 → 해야지(요)

할머니 생신이니 뵈러 가야지.
얼마간은 술을 끊어야지.
원한다면 뭐든 해야지요.

☞ 指定詞には -어야지(요) のほか、-라야지(요) の形もあります。
　　例）직원이어야지/직원이라야지.

 POINT 3　-다가는　～していては、～していたら

　ある行動を繰り返していることを表す接続語尾。後節にはよくない結果をもたらすかもしれないという警告や憂いの内容が来ます。縮約形の -다간もよく使われます。

語幹＋다가는
語幹＋다간

놀기만 하다가는 졸업 못 한다.
그렇게 떠들다간 선생님이 화낼 거야.

☞ -았/었다가는(았/었다간) は、1回きりの動作の場合に用います。
　　例）추운 데서 잤다간 감기 걸린다.

練習 7-1　例にならって一つの文にし、日本語に訳しましょう。

例) 졸업 시험에 붙다 / 이 책을 보다
　➡　졸업 시험에 붙으려면 이 책을 봐야 돼. (卒業試験に受かるにはこの本を読むべきだ)

1) 관심을 끌다 / 어쨌든 특기가 있다
　➡

2) 자막 없이 한국 드라마를 보다 / 듣기를 많이 하다
　➡

3) 대기업에 들어가다 / 서둘러 준비하다
　➡

4) 만점을 받다 / 그야말로 열심히 하다
　➡

練習 7-2　-아/어야지を用いて答えてみましょう。♪ 32

例) 가: 전문가가 계속 틀리면 어떡해? (간판을 내리다)
　　나: 그럼 전문가 (간판을 내려야지).

1) 가: 내일 중간시험이 있는데, 공부 안 해? (밤을 새우다)
　　나: 오늘 (　　　　　　　　　).
2) 가: 저녁 약속은 어떡하지? (변경하다)
　　나: 할 수 없지. (　　　　　　　　).
3) 가: 돈은 안 모으니? (저금하다)
　　나: 취직하면 (　　　　　　　　).
4) 가: 취직은 언제 할 거야? (조건이 맞다)
　　나: 그러니까 (　　　　　　　　).

練習 7-3　-다간を用いて文を完成させ、日本語に訳しましょう。

例) 가: 날마다 게임만 (하다 → 하다간) 졸업 못 할 텐데.
　➡　毎日ゲームばかりしていたら、卒業できないだろうに。

1) 무조건 (믿기만 하다 →　　　　　　　　) 네가 상처 받을 텐데.
　➡

2) 무책임하게 (행동하다 →　　　　　　　　) 문제가 될 텐데.
　➡

3) 남 탓만 (하다 →　　　　　　　　) 소중한 사람을 잃을 수도 있어.
　➡

4) 그런 문자를 (보냈다 →　　　　　　　　) 오해를 받을지도 몰라.
　➡

학교생활

会 話　スミンは、ヨンスの卒業を心配しています。

영수　❶ 중간고사 잘 봤냐?

수민　❷ 시험지는 잘 봤는데, 답안은 잘 못 썼어. 또 웹툰 보고 있었어?

영수　❸ 이거 매주 수요일에 연재되는 만환데 엄청 재미있어.

수민　❹ 너, 책가방은?

영수　❺ 도서관에다 두었지. 교과서하고 지우개, 풀밖에 안 들어 있으니까

　　　　　　괜찮아. 충전기 좀 빌려 줘.

수민　❻ 알았어. 근데, 너 요즘 전공 수업에 자주 빠진다고?

영수　❼ 전공 수업은 신경 안 써도 돼. 내 걱정말고 네 걱정이나 해.

수민　❽ 넌 지난 학기에 결석이 많아서 성적이 별로 안 좋았잖아.

영수　❾ 내가 요새 사업이 바쁘잖아.

수민　❿ 사업은 무슨……. 내년에 졸업하**려면** 정신 차려야 돼.

　　　　　⓫ 어떻게든 졸업해야지.

　　　　　⓬ 그러지 말고 방학 때 어학연수 같이 가자.

영수　⓭ 방학에는 놀**아야지**. 바닷가로 놀러 갈 거야.

수민　⓮ 그렇게 놀기만 하**다가는** 졸업 못 하게 될지도 몰라.

영수　⓯ 내년에 졸업 못 하면 내후년에 하면 되지.

수민　⓰ 말도 안 돼! 학비는 어떡하고?

영수　⓱ 그야 내가 밤낮없이 벌**어야지**.

　　　　　⓲ 미래는 내 손으로! 인생은 즐겁게!

　　　　　⓳ 아, 주말에 '청춘 열차' 타고 놀러 가자. 좋은 생각이지?

수민　⓴ 난 주말에 좀 바쁜데.

✓ 発音 Check!

❶ 봤냐[봔냐]

❷ 봤는데[봔는데]

⓮ 못 하게 될지도[모타게될찌도]

⓰ 어떡하고[어떠카고]

ㅋㅋㅋ

単語と表現 ♪ 34

□ 중간 中間 ▶중간시험	□ 엄청 とても、めっちゃ
□ 고사 準2 考査 ▶중간고사	□ 별로(=그리/그다지) 別に、さほど
□ 시험지(試驗紙) 問題用紙、答案用紙	□ 요새(=요즘) 最近、近頃
□ 답안 答案	□ 어떻게든[어떠케든] どうにかして、なんとかして
□ 웹툰(webtoon) 上級 ウェブ漫画	□ 그야 準2 それは、そりゃ
□ 만화[마놔] 漫画 ▶만화책	□ 밤낮없이[밤나덥씨] 昼夜を問わず、夜も昼も
□ 책가방[책까방] ランドセル、学生カバン	□ 즐겁다〈ㅂ〉 楽しい
□ 지우개 消しゴム ▶지우다	□ 연재(하, 되) 準2 連載
□ 풀 糊(のり)	□ 빠지다 落ちる、抜ける、はまる、溺れる
□ 충전기 充電器	□ 정신(精神) 차리다 しっかりする
□ 전공 専攻、専門	□ 그러다〈어〉 そうする、そう言う
□ 신경 神経 ▶신경을 쓰다	□ 말도 안 되다 話にならない、とんでもない
□ 결석[결썩](⇔출석) 欠席	□ 어떡하다[어떠카다] どうする
□ 사업 事業	□ 벌다 稼ぐ、(金を)儲ける ▶돈을 벌다
□ 어학연수[어항년수] 語学研修、語学留学	□ -냐? 〜か、〜のか → p.7
□ 내후년(来後年) 再来年	□ -에다(가) ①〜に ②〜に(加えて)(助詞)
□ 학비[학삐] 学費	□ -밖에 〜しか(ない)(助詞)
□ 미래 未来	□ -잖아 〜じゃない
□ 인생 人生	□ -기만 하다 〜ばかりする
□ 청춘 準2 青春	□ -게 되다 〜するようになる、〜することになる
□ 열차 準2 列車 ▶청춘 열차	□ -ㄹ/을지(도) 모르다 〜するかもしれない

1. 수민이는 중간고사를 잘 봤대요?

2. 영수는 책가방을 어디에다 두었대요?

3. 영수 가방에는 뭐가 들어 있대요?

4. 영수는 수민이에게 뭘 빌려 달라고 했나요?

5. 수민이는 영수에게 방학에 뭘 같이 하자고 했나요?

6. 영수는 방학에 뭘 한대요?

単語力 Up

전(前)	업(業)	학(学)	생(生)	책
전후	농업	학비	인생	책가방
전기(⇔후기)	공업	학급	일생	책상
전반(⇔후반)	기업	학습	발생	책장
	사업	경영학		

練習 7-4 「単語力 Up」から適当な単語をすべて選び、発音してみましょう。

1) 책상 위에 (   )은 누구 거예요?

2) 학비는 (   )을 하시는 할아버지가 내주셨어요.

3) 우리 학급에 문제가 (   )했어요.

4) 학자로서 인생의 (   )은 외국에서 보냈어요.

もっと知りたい！ -(으)려면と -고 싶으면の違い

-(으)려면も -고 싶으면も「～したければ」という意味で使われますが、使い分けが必要な場合があります。

・後節に状態が続く場合は -(으)려면しか使えません。
　例）회원이 되려면(×되고 싶으면) 3개월이 지나야 합니다.
　　　상처가 나으려면(×낫고 싶으면) 좀 시간이 걸립니다.

・後節に動作が続く場合は (으)려면も -고 싶으면も OK です。
　例）전문가가 되려면(=되고 싶으면) 더 공부해야 돼.
　　　성공을 하려면(=하고 싶으면) 기회를 잘 잡아야지.

練習 7-5　文をつないで、例のように言ってみましょう。

1) 차에 짐을 싣다 •　　　　　　• 먼저 자료를 비교해 보다

2) 살을 빼다 •　　　　　　• 미리 말을 하다

3) 심부름을 시키다 •　　　　　• 밥을 덜 먹다

4) 생명보험에 들다 •　　　　　• 심부름센터에 시키다

　　차에 짐을 실으려면 미리 말을 해야지.

練習 7-6　-ㄹ/을 수 있을지도 몰라를 用いて対話を完成させ、会話の練習をしましょう。♪ 35

1) 가: 팬 사인회에 같이 안 갈래?
　　나: 내가 좋아하는 연예인도 볼 수 있나?
　　가: 그 연예인을 (　　　　　　　　　　).

2) 가: 연주회는 언제쯤 있나요?
　　나: 8월쯤 연주회를 (　　　　　　　　　　).
　　가: 연주회를 열게 되면 꼭 갈게요.

3) 가: 누가 관련 정보를 정리해 줄 수 있을까?
　　나: 그 후배라면 (　　　　　　　　　　)
　　　　아무때나 연락해 봐.

4) 가: 컴퓨터가 고장났네. 고칠 수 있어?
　　나: 나한테 맡겨 봐.
　　　　내가 (　　　　　　　　　　　　　　　　).

練習 7-7　ヨンスと会った日にスミンが書いた文章を読んでみましょう。
またヨンスの立場で第7課の内容を書いてみましょう。

　　방학 때 영수랑 같이 어학연수를 가려고 했는데 영수는 어렵게 된 것 같다. 말로는 방학이니 놀아야 한다고 했지만 무슨 일이 있나? 전과 다름 없이 사업이 바쁘다고 큰소리를 쳤지만 신경이 쓰이는 건 어쩔 수 없다.

-과/와 다름없이 ～と変わらず　　신경이 쓰이다 気になる　　어쩔 수 없다 仕方ない

(오십구) 59

第8課 アルバイト

学習目標：「〜しようかと思う」「〜したのか」「〜していたけど」「〜するように / ほど」の表現を学びます。

36 ♪

스스로 할 수 있도록 도와줄까 해.　自分でできるように手伝いをしようかと思ってるの。

비교적 재미있게 잘 지내던데요.　わりと楽しく過ごしていたんですよ。

POINT 1　-ㄹ/을까 하다　〜しようかと思う

話し手の不確実な意志や推量を表す慣用表現。-ㄹ/을까 하다の하다は、보다や싶다に置き換えることができます。(*ㄹ語幹はㄹが落ちて「ㄹ까 하다」がつく)

母音語幹＋ㄹ까 하다 ㄹ語幹＋ㄹ까 하다 子音語幹＋을까 하다

그냥 회사를 그만둘**까 한다**.
저도 용돈이라도 벌**까 해요**.*
일요일은 집에 있**을까 해**.

☞ -ㄹ/을까 말까は「〜するか否か」「〜しようかどうか」という意味です。
例）여행을 갈까 말까 생각 중이다(→p.93).

POINT 2　-던가(요)?　〜したのか、〜したかなぁ
　　　　　　-던데(요)　　〜していたけど、〜していたなぁ

-던가(요)? は回想を表す -더- に、p.32 で学習した -ㄴ가(요) が結合した終結語尾。-던데(요) は回想を表す -더- に、p.12 で学習した -ㄴ데(요) が結合した終結語尾。両方とも過去の事実に感嘆したり見たことや聞いたことを他人に伝えたりする時に使います。

語幹＋던가(요)? 語幹＋던데(요)

가: 수아는 무슨 일을 하**던가요**?
나: 피아노 강사라고 하**던데**.
가: 누가 그러**던가요**?
나: 여기 직원이 그러**던데**.

POINT 3　-도록　① 〜するように（目的）　② 〜するほど、〜するまで（程度）

「〜するように」という目的を表したり、「〜するほど」「〜するまで」という程度を表す接続語尾。-도록 하다は「〜するようにする」という表現です。

語幹＋도록

방해하지 않**도록** 해 주세요.
목이 빠지**도록** 기다렸다.
날이 밝**도록** 과제를 해야 했다.

練習 8-1 例にならって一つの文にし、日本語に訳しましょう。

例) 열이 있다 / 회사를 하루 쉬다
➡ 열이 있어서 회사를 하루 쉴까 해요. (熱があるので会社を一日休もうと思います)

1) 함부로 말하다 / 한마디 하다
➡

2) 용돈이 모자라다 / 알바를 하다
➡

3) 희망이 없다 / 직장을 그만두다
➡

4) 예약이 불가능하다 / 날짜를 바꾸다
➡

練習 8-2 -던데요を用いて答えてみましょう。 37 ♪

例) 가: 뭐라고 외치던가요? (방해하지 말라고 외치다)
나: 방해하지 말라고 외치던데요.

1) 가: 엄마는 미용실에서 뭐 하던가요? (파마를 하다)
나:

2) 가: 사촌은 어떤 알바를 하던가요? (수학 강사 알바를 하다)
나:

3) 가: 조카들은 여전하던가요? (여전히 즐겁게 지내다)
나:

4) 가: 할머니가 손자 편을 들어 주시던가요? (손자 편만 들다)
나:

練習 8-3 例にならって一つの文にし、日本語に訳しましょう。

例) 아이 손이 닿지 않다 / 숨겨 놓다
➡ 아이 손이 닿지 않도록 숨겨 놓으세요. (子供の手が届かないように隠してください)

1) 경험을 쌓을 수 있다 / 힘써 주다
➡

2) 상대가 상처 받지 않다 / 잘 전해 주다
➡

3) 피해를 입지 않다 / 철저히 조사하다
➡

4) 무가 완전히 익다 / 30분 정도 끓이다
➡

아르바이트

에미 　❶ 피아노 강사 아르바이트는 재미있어요?

수아 　❷ 네. 가르치는 일도 재미나고 용돈도 버니까 일석이조예요.

　　　❸ 에미 씬 서점에서 아르바이트한다고 했죠?

　　　❹ 거긴 교통비도 나와요?

에미 　❺ 차비는 주는데, 너무 힘들어서 사흘 전에 그만뒀어요.

　　　❻ 다음 주부터 컴퓨터 강좌를 들**을까 해요**. 자격증을 따려고요.

수아 　❼ 네. 참, 오빠한테 좋은 일이 있나 봐요.

에미 　❽ 무슨 일?

수아 　❾ 이따가 오빠 만나죠? 궁금하면 직접 물어봐요.

（スミンに会って）

에미 　❿ 수민 씨, 취직 활동 잘돼요? 좋은 소식이 있다고 하**던데요**.

　　　⓫ 뭔데요? 솔직히 말해 봐요.

수민 　⓬ 수아가 그러**던가요**? 그렇지 않아도 말하려고 했어요.

　　　⓭ 실은 국제정치연구소 인턴사원에 합격했거든요.

에미 　⓮ 어머, 축하해요. 그럼 미술관은?

수민 　⓯ 부모님은 어느 쪽을 선택하든 내 뜻대로 하라고 하셨는데,

　　　　아무래도 미술관의 사무직보다는 연구원이 낫지 않**을까 해**서요.

　　　⓰ 게다가 직장 분위기도 비교적 좋고, 알아보니까 일본하고 공동 연구의

　　　　기회도 있대요.

에미 　⓱ 그래요? 희망대로 잘됐네요.

수민 　⓲ 여기서 경험을 쌓을 수 있**도록** 열심히 해 보려고요.

☑ 音読 Check!　｜ 正 ｜　｜　｜　｜

☑ 発音 Check!

❼ 좋은 일이[조은니리]　있나[인나]

❽ 무슨 일[무슨닐]

⓫ 솔직히[솔찌키]

⓬ 그렇지 않아도[그러치아나도]

⓭ 합격했거든요[합껴캗꺼든뇨]

⓮ 축하해요[추카해요]

⓱ 잘됐네요[잘된네요]

単語と表現　 39

□ 강사　講師	□ 이따가　あとで、のちほど
□ 재미　楽しさ、面白さ、興味　▶재미나다	□ 직접[직쩝]　直接
□ 용돈[용똔]　小遣い	□ 실은　実は
□ 일석이조[일써기조]　上級　一石二鳥	□ 뜻대로[뜯때로]　思い通りに
□ 교통비(=차비)　交通費	□ 아무래도　どうしても、やはり
□ 사흘(=삼일) 3日、3日間	□ 게다가　それに、さらに
□ 강좌　講座	□ 궁금하다　気がかりだ、気になる
□ 자격증[자격쯩]　資格証、ライセンス	□ 솔직하다[솔찌카다]　素直だ　▶솔직히
□ 소식　消息、便り、知らせ、ニュース	□ 낫다〈ㅅ〉　ましだ、よい
□ 국제[국쩨]　国際	□ 그만두다　辞める
□ 정치　政治	□ 따다　摘む、得る、(資格などを)取る、獲得する
□ 연구　研究　▶연구원, 연구소	□ 취직(하)　就職
□ 인턴　インターン　▶인턴사원	□ 활동[활똥](하)　活動
□ 사원　社員　▶평사원	□ 합격[합꺽](하)　合格　▶불합격
□ 미술관　美術館	□ 선택하다[선태카다]　選ぶ　▶선택　選択
□ 사무　事務　▶사무직, 사무원	□ 비교(하)　比較　▶비교적
□ 직장[직짱]　職場　▶직장인	□ 희망[히망](하)　希望、望み
□ 분위기　雰囲気、ムード	□ 쌓다　①積む、積み重ねる　②(実力を)磨く
□ 공동　共同	□ -든(지)　～しようが　→ p.102
□ 기회　機会、チャンス　▶기회를 놓치다	□ -대로　～とおり（助詞）
□ 경험　経験	□ -ㄹ/을 수 있다　～することができる

1. 수아는 요새 무슨 아르바이트를 하고 있대요?

2. 에미가 일했던 서점에서는 교통비도 줬나요?

3. 에미는 아르바이트를 언제 그만뒀대요?

4. 에미는 왜 아르바이트를 그만뒀나요?

5. 수민은 어디에 합격했나요?

6. 수민은 왜 연구소에 가려고 하나요?

単語力 Up

확(確)	-직(職)	원(員)	관(館)	장(場)
확인	관리**직**	직**원**	여**관**	**장**소
확실	사무**직**	사**원**	박물**관**	작업**장**
정**확**	연구**직**	사무**원**	미술**관**	작업**장**
		연구**원**	체육**관**	

練習 8-4 「単語力 Up」から適当な単語をすべて選び、発音してみましょう。

1) 좋은 소식이에요. 선배가 (   )에 취직됐대요.

2) 연구원은 아니고 그냥 (   )이래요.

3) 이번 대회는 운동장이 아니라 (   )에서 한대요.

4) 그 사람이 국제정치연구소의 (   )이 확실한가요?

もっと知りたい！ 接続詞など

□ 그러니	だから	□ 그래도 그렇지	そうだとしても
□ 그러다(가)	そのようにして、そうこうするうちに	□ 그래서 그런지	それでそうなのか
□ 그러면서	そうしながら、それなのに	□ 그러고 보니까	そう考えてみたら
□ 그러므로	それゆえ	□ 그러다 보니까	そうしていたら
□ 그러잖아도	そうでなくても	□ 그렇다고 (해서)	だからといって
□ 그렇다면	それならば	□ 그건 그렇다	それはそうだ
□ 따라서	したがって		

練習 8-5　文をつないで、例のように言ってみましょう。

1) 학점을 따야지. • ・ 그러니 더 열심히 배워야지.

2) 일이 아직 서투르네. • ・ 그러므로 끝까지 반대하겠다.

3) 난 생각이 다르다. • ・ 그러면서 가르쳐 달라는 거야.

4) 궁금해서 못 참아. • ・ 그러다가 졸업 못 하겠다.

학점을 따야지. 그러다가 졸업 못 하겠다.

練習 8-6　対話を完成させ、会話の練習をしましょう。♪⁴⁰

| 그래도 그렇지　　그러고 보니까　　그래서 그런지　　그러잖아도 |

1) 가: 새로 온 직원이 실험실에서 일한 적이 있대.

　나: (　　　　　　　　　　) 실험에 관해 잘 알더군요.　　▶-더군요 (→ p.74)

2) 가: 남자 친구가 아무 말도 안 해서 싸웠어요.

　나: 아무리 (　　　　　　　　　　) 싸울 일은 아닌 것 같은데.

3) 가: 졸업 후 무용반 친구들이 다 모이는 건 처음이지?

　나: (　　　　　　　　　　) 7년만이네.

4) 가: 아무런 연락도 없이 왜 안 오세요?

　나: (　　　　　　　　　　) 지금 막 전화하려고 했어요.

☞ 그러잖아도는, 그러지 않아도의 縮約形です。
　p.62で学習した그렇지 않아도、안 그래도も同じ意味です。

 練習 8-7　スミンと会った日、恵美が書いた文章を読んでみましょう。
またスミンの立場で第8課の内容を書いてみましょう。

　　수민 씨는 미술관의 인턴사원에도 붙고 동시에 국제정치연구소의 인
턴사원에도 합격했다고 한다. 지금까지 노력해 온 것으로 봐서 당연한
결과일 것이다. 수민 씨를 위해서도 잘된 일이다. 수민 씨가 기뻐하니까
나도 내 일처럼 기분이 좋았다. 수민 씨의 꿈이 이루어지기를 바란다.

-(으)로 봐서 ～から考えて　　-를/을 위해서 ～のために　　-기(를) 바라다 ～することを願う

助数詞（単位名詞）の使い分け

■ 漢数詞につくもの

□ -교시	～時限	1교시, 2교시
□ -년대	～年代	90년대
□ -년도	～年度	2023년도
□ -대①	～代	20대
□ -대②	～台	차 두 대
□ -리	～里	10리
□ -리터	～リットル	2리터
□ -밀리/미리	～ミリ	3밀리/미리
□ -박	～泊	2박 3일
□ -분의	～分の	2분의 1
□ -여	～余、あまり	10여 명
□ -위	～位	제2위
□ -인분	～人前	2인분
□ -짜리	～（お金の）札、玉	만원짜리
□ -쪽	～頁	교과서 118쪽
□ -차	～次	2차 시험
□ -톤	～トン	소금 1톤
□ -호	～号	7호

■ 固有数詞につくもの

□ -군데	（場所）～箇所	몇 군데
□ -그루	（木など）～本	나무 한 그루
□ -대	（タバコ）～本	담배 한 대
□ -부	（新聞など）～部	신문 세 부
□ -채	（家など）～棟	집 한 채
□ -척	（船）～隻	배 두 척
□ -켤레	（靴下・靴）～足	양말 한 켤레
□ -통	（手紙など）～通	편지 한 통

p.53 模擬テスト②の解答

1. 1) ③ 2) ① 3) ④ 4) ③ 5) ②   2. 1) ② 2) ① 3) ② 4) ④ 5) ③

ハングル能力検定試験 3 級模擬テスト③

〈語句補充：語尾〉

1. （　　）の中に入る適切なものを①～④の中から 1 つ選びなさい。

  1) 내년에 （　　）열심히 공부해야 돼요.
    ① 복습하려면　　　② 빨래하려면　　　③ 분석하려면　　　④ 졸업하려면

  2) 이건 열이 （　　）머리가 아플 때 먹는 약이에요.
    ① 나거나　　　　② 내리거나　　　　③ 올리거나　　　　④ 내거가

  3) 부산은 제가 （　　）때 살던 곳이에요.
    ① 작았을　　　　② 적었을　　　　　③ 어렸을　　　　④ 컸을

  4) 요즘 바빠서 엄마랑 （　　）시간이 전혀 없었어요.
    ① 찾아갈　　　　② 통화할　　　　　③ 이웃할　　　　④ 상관할

〈語句補充：名詞・単位名詞・接続詞〉

2. （　　）の中に入る適切なものを①～④の中から 1 つ選びなさい。

  1) 책상 （　　）깨끗하게 해 놓아라.
    ① 자료를　　　　② 준비를　　　　　③ 장소를　　　　④ 정리를

  2) 이번 학기 （　　）저번보다 못한 것 같아요.
    ① 상상은　　　　② 성적은　　　　　③ 성격은　　　　④ 성명은

  3) 아버지 생일이라서 양말 한 （　　）를 샀어요.
    ① 켤레　　　　　② 개　　　　　　　③ 채　　　　　④ 척

  4) 손녀가 태어난 기념으로 나무를 한 （　　）심었다.
    ① 채　　　　　　② 마리　　　　　　③ 그루　　　　④ 통

  5) 사장님은 출장가고 안 계세요. （　　）다음에 다시 오세요.
    ① 그러면　　　　② 그러니　　　　　③ 그래서　　　　④ 그리고

  6) 빨리 가요. （　　）3시 기차를 놓치겠어요.
    ① 그러면　　　　② 그러니　　　　　③ 그렇다면　　　④ 그러다가

☞ 解答は、p.80。

제**9**과 家事

学習目標：「〜してこそ」「〜しなければならない」の表現と「動詞の過去連体形」を学びます。

41 ♪

국물이 있어야 밥을 먹을 수 있어. 　　汁がないとご飯を食べられない。

그때 먹었던 걸로 시켜야겠다. 　　あのとき食べたものを注文しなくちゃ。

 POINT 1 　-아/어야　〜してこそ、〜して初めて、〜しなければ

　必要条件を表す接続語尾。既習の -아/어야 되다の아/어야です。強調する場合は아/어야の後に助詞만がつくことがあります。

陽母音語幹＋아야 陰母音語幹＋어야 하다用言 → 해야

만나 **봐야**(만) 알 수 있는 건 아니야.

넥타이를 **매야** 회사에 가지.

이걸 처리**해야** 퇴근할 수 있어.

☞ 指定詞には -어야のほか、-라야の形も使われます。例）학생이라야(=어야) 알 수 있다.

 POINT 2 　-아/어야겠-　〜しなければならない（強い意志）

　-아/어야겠の後は -지만, -는데, -다, -어(요), 습니다など様々な語尾がつきます。

陽母音語幹＋아야겠＋語尾 陰母音語幹＋어야겠＋語尾 하다用言 → 해야겠＋語尾

만나 **봐야겠**지만 지금은 안 돼.

이 사실을 널리 **알려야겠**어.

대표님께 얼른 보고**해야겠**습니다.

☞ -아/어야겠다は主に話し言葉で使われ、書き言葉では -아/어야 하겠다が用いられます。

 POINT 3 　-던, -았/었던　（過去連体形：回想・反復・習慣・未完了）

　-던は過去に持続的に行われた動作や習慣・回想・未完了などを表す過去連体形。-았던/었던も過去回想を表しますが、1回きりで終わった行動に用います。

動の語幹＋던 〜していた
陽母音語幹＋았던 〜した 陰母音語幹＋었던 하다用言 → 했던

자주 가**던** 카페 (反復・回想)

그제 먹**던** 술 (未完了)

그때 **봤던** 영화

그때 먹**었던** 된장찌개

내가 사랑**했던** 사람

☞ 動詞以外の形容詞・存在詞・指定詞には -던も -았던/었던も過去連体形として用いますが、-던より -았던/었던のほうがよく使われます。

練習 9-1 例にならって一つの文にし、日本語に訳しましょう。

例) 지시를 받다 / 움직일 수 있다
　➡　지시를 받아야 움직일 수 있어. (指示を受けないと動くことができない)

1) 반드시 책임지는 사람이 있다 / 일을 맡길 수 있다
　➡

2) 말하자면 소비를 줄이다 / 가능한 일이다
　➡

3) 시대의 흐름을 읽다 / 길이 보이다
　➡

4) 직접 경험해 보다 / 본질을 알 수 있다
　➡

練習 9-2 －아/어야겠다를 用いて対話文を完成させ、発音してみましょう。♪42

例) 가: 저녁에 밥이 없어서 (밥하다 → 밥해야겠다).
　　나: 치킨을 시켜 먹으면 안 돼요?

1) 가: 쓰레기 봉투를 (사 오다 → 　　　　　　　　).
　　나: 나중에 사 오면 안 돼요?

2) 가: 체육복이 더러워서 (빨래하다 → 　　　　　　　).
　　나: 내일 빨면 안 돼요?

3) 가: 단추가 떨어졌네. 네가 단추를 (달아 주다 → 　　　　　　　).
　　나: 오빠가 직접 달면 안 돼?

4) 가: 양복이 비에 젖어서 세탁소에 (맡기다 → 　　　　　　　).
　　나: 그냥 손빨래 하면 안 될까?

練習 9-3 －던もしくは －았던/었던を用いて文を完成させ、日本語に訳しましょう。

例) 저분은 작은딸이 잘 (따르다 → 따르던) 담임 선생님이에요.
　➡　あの方は、次女がなついていた担任の先生です。

1) 내가 (타다 → 　　　　　　　　) 자전거가 없어졌어요.
　➡

2) 교토는 제가 어릴 적에 (살다 → 　　　　　) 곳이에요. ▶-ㄹ/을 적에 ～する時(に)
　➡

3) 오래 전에 처음 선생님 댁에 (들르다 → 　　　　　　　) 날이 생각나요.
　➡

4) 태국에 여행 갔을 때 (환전하다 → 　　　　　　　) 장소, 기억해?
　➡

집안일

| 会 話 | 日曜日のスミンの家、お母さんが留守なのでスミンたちは家事に追われています。 |

43
♪

수아 ❶ 청소를 **해야** 점심을 먹을 수 있겠어. 얼른 청소부터 **해야겠다**.

❷ 오빠, 음식물 쓰레기 좀 버려 줄래?

수민 ❸ 알았어. 가만있자. 뭐부터 하지?

❹ 테이블 위의 휴지는 휴지통에 버리고, 청소기는 어디 있지?

수아 ❺ 복도에 없어? 침대 밑도 깨끗하게 청소해야 돼!

수민 ❻ 와, 이 먼지 봐라.

수아 ❼ 거기 술병하고 컵은 부엌으로 가져와.

❽ 참, 빨래도 해야지! 오빠, 잠옷은 세탁기에 넣어 줘!

❾ 수건도 빨아야 돼. 세탁기 돌려 줘.

수민 ❿ 오케이! 양복의 단추가 떨어졌는데 이따가 달아야겠다.

수아 ⓫ 집안일이란 해도 해도 끝이 없네.

수민 ⓬ 엄마가 끓여 놓고 간 곰탕은 다 먹었네.

⓭ 생선 굽고 국 끓여서 밥 먹자.

수아 ⓮ 가정주부는 정말 대단해. 먹을 걸 매일 준비해야잖아.

수민 ⓯ 수아야, 냄비에 물 끓는다! 계란을 넣을까?

수아 ⓰ 응. 뜨거우니까 조심해.

수민 ⓱ 어? 연기가 나네. 생선이 다 타 버렸네!

수아 ⓲ 이상하다! 전기밥솥도 고장 났나 봐. 밥이 안 됐어.

수민 ⓳ 아무래도 시켜먹**어야겠어**. 전에 시켜먹**었던** 돈까스 어때?

수아 ⓴ 좋아. 괜히 고생만 했네.

수민 ㉑ 아, 배고파 죽겠다!

✔ 音読 Check!　| 正 | | | |

✔ 発音 Check!

❶ 먹을 수 있겠어[머글쑤읻께써]

❿ 떨어졌는데[떠러전는데]

⓫ 끝이 없네[끄치엄네]

⓬ 끓여 놓고[끄려노코]

⓮ 먹을 걸[머글껄]

⓯ 끓는다[끌른다]

⓴ 했네[핸네]

単語と表現 ♪44

□ 음식물[음싱물] 食べ物、飲食物

□ 쓰레기 ごみ ▶음식물 쓰레기 生ごみ

□ 휴지(休紙) ちり紙、ティッシュ

□ 휴지통(休紙桶) ゴミ箱、くずかご

□ 복도[복또] 廊下

□ 침대 ベッド、寝台

□ 먼지 ほこり ▶먼지가 나다

□ 술병[술뼝] 酒瓶

□ 컵 コップ ▶종이컵

□ 빨래 洗濯物 ▶빨랫비누

□ 잠옷 寝巻き、パジャマ

□ 세탁기[세탁끼] 洗濯機 ▶세탁소

□ 양복(洋服) スーツ

□ 단추 （衣服の)ボタン ▶단추가 떨어지다

□ 집안일[지반닐] 家事(가사)

□ 가정 家庭 ▶가정주부

□ 냄비 なべ

□ 계란 卵、玉子 ▶날계란/생계란 生卵

□ 연기 煙 ▶연기가 나다

□ 밥솥[밥쏟] 釜 ▶전기밥솥 電気釜

□ 고장 故障 ▶고장(이) 나다

□ 얼른 早く、すぐ、急いで

□ 가만있자 さて、待ってよ

□ 괜히[괘니] 準2 無駄に、空しく

□ 깨끗하다[깨끄타다] きれいだ、清潔だ

□ 대단하다 すごい、大したものだ

□ 뜨겁다⟨ㅂ⟩ 熱い

□ 청소(하) 掃除 ▶청소기

□ 빨다 洗濯する

□ 돌리다 回す ▶세탁기를 돌리다

□ 달다 （ボタンを)つける ▶단추를 달다

□ 굽다⟨ㅂ⟩ 焼く

□ 끓이다 沸かす、（スープなどを)つくる

□ 끓다[끌타] 沸く ▶물이 끓다

□ 조심하다 用心する、気を付ける

□ 타다 焦げる、焼ける、燃える ▶밥이 타다

□ 고생(하) 苦労

□ -아/어라 ～しろ、～しなさい

□ -(이)란 ～とは、～というのは

□ -아/어 놓다 ～しておく

□ -아/어 버리다 ～してしまう

□ -아/어(서) 죽겠다 準2 ～して死にそうだ

1. 수아와 수민이는 점심을 먹기 전에 뭘 했어요?

2. 청소기는 어디 있대요?

3. 술병하고 컵은 어디로 가져오래요?

4. 세탁기는 누가 돌렸나요?

5. 생선은 잘 구워졌나요?

6. 전기밥솥의 밥은 어떻게 됐어요?

🡕単語力 Up 🡕

휴(休)	양(洋)	-병(瓶)	-일	-통(筒)
휴가	**양**배추	술**병**	집안일	저금**통**
휴일	서**양**	꽃**병**	회사일	우체**통**
휴식	동**양**	술 한 **병**	볼일	
휴지(통)			잡일 上級	

練習 9-4 「単語力 Up」から適当な単語をすべて選び、発音してみましょう。

1) 과장님은 휴가 때에도 (　　　　　　)이 많아서 쉬지 못했대요.

2) 요즘은 서양이나 (　　　　　　)이나 다 양복을 입지 않나요?

3) 휴지는 (　　　　　)에 버리고, (　　　　　)는/은 여기에 놓으세요.

4) 가정주부를 위한 (　　　　　)도 필요해요.　　　　▶-를/을 위한　～のための

もっと知りたい！　口蓋音化

- パッチムが「ㄷ」の場合：ㄷ＋이＝지　　ㄷ＋히＝치
  例）맏이[마지] 長子、長男、長女　　갇히다[가치다] 閉じ込められる
- パッチムが「ㅌ」の場合：ㅌ＋이＝치
  例）같이[가치] 一緒に　　끝이[끄치] 終わりが

☞ ㅈ、ㅊのことを口蓋音といいます。またパッチムㄷ、ㅌの後に아요/어요がくると、普通の連音化になります。
　例）같아요[가타요]　　묻어요[무더요]

練習 9-5　次の文にふさわしいものを選びましょう。

1)　삼계탕은 어렸을 때 엄마가 자주 (①끓여 주시던 ②끓여 주신) 요리예요.

2)　엊그제 길을 가다가 중학생 때 짝사랑 (①하던 ②했던) 사람을 만났다.

3)　이사 오기 전에 (①살던 ②산) 동네의 우편번호는 기억하지 못한다.

4)　전에 엄마 차를 타고 가다가 (①들리던 ②들렸던) 관광지가 어디였지?

練習 9-6　音声を聞いて、(　　) の内容を書き入れてみましょう。♪⁴⁵

1)　가: 전화로 예약을 했는데, 어떻게 된 거죠?
　　나: 죄송합니다. 잠시만요.
　　　(　　　　　　　　　　　　　　　　　　　　　　　　)

2)　가: 음식물 쓰레기를 버려야 되는데.
　　나: 제가 음식물 쓰레기 버릴게요.
　　　(　　　　　　　　　　　　　　　　　　　　　　　　)

3)　가: 왜 안 드세요? 입에 안 맞으시나요?
　　나: 아니에요. 많이 먹었어요.
　　　(　　　　　　　　　　　　　　　　　　　　　　　　)

4)　가: 어디가 불편하세요?
　　나: 손에 힘이 없어요.
　　가: (　　　　　　　　　　　　　　　　　　　　　　　)

練習 9-7　韓国語で言ってみましょう。

1)　自分の部屋を掃除しないと友人を呼べないよ。

2)　掃除機が故障して、新しいものを１つ買わなければならない。

3)　去年の夏に着ていた緑色のパジャマは、どこに片づけましたか。

4)　私が読んでいた韓国小説の本、見ていませんか？

 제**10**과 韓国語学習

学習目標：「〜するほど」「〜していたよ」「〜するか」の表現を学びます。

46

이게 알면 알수록 재미있더군요. これが知れば知るほど面白かったんですよ。

잘할 수 있을지 자신이 없어요. うまくできるか自信がありません。

 POINT 1 -ㄹ/을수록　〜するほど

「(〜すれば)〜するほど」にあたる接続語尾。-ㄹ/을수록の発音は[ㄹ/을쑤록]です。(*ㄹ語幹動詞はㄹが落ちて -ㄹ수록がつく)

| 母音語幹＋ㄹ수록 |
| ㄹ語幹＋ㄹ수록 |
| 子音語幹＋을수록 |

한국어는 공부할수록 재미있어.

일이 힘들수록 잘 먹어야 돼.*

먹으면 먹을수록 더 먹고 싶어요.

 POINT 2 -더군(요)　〜していたよ / なぁ

回想を表す -더- に、p.46 で学習した -군(요) が結合した終結語尾。過去に見たり聞いたりしたことを伝える時に用います。

| 語幹＋더군(요) |

햇빛이 잘 드는 집이더군.

정말 악기를 잘 다루더군.

문학 강의는 꽤 흥미롭더군요.

 POINT 3 -ㄹ/을지　〜するか、〜するのか

推測に対する漠然とした疑問を表す接続語尾。-ㄹ/을지の後には가・는・도などの助詞がつくことがあります。なお、-는(ㄴ/은)지(→ p.46)が現在のことについて表現するのに対し、-ㄹ/을지は「(これから)〜するのか / すべきなのか」という未来のことについて使われます。

(*ㄹ語幹動詞はㄹが落ちて -ㄹ지がつく)

| 母音語幹＋ㄹ지 |
| ㄹ語幹＋ㄹ지 |
| 子音語幹＋을지 |

그가 어디로 향할지(는) 알 수 없다.

누가 모임을 이끌지 기대돼.*

뭐하고 뭐를 섞을지 정해야 합니다.

☞ -ㄹ/을지(도) 모르다は「〜するかもしれない」という意味の慣用表現です(→ p.57)。

練習 10-1 例にならって一つの文にし、日本語に訳しましょう。

例) 시험이 다가오다 / 걱정이 많다
➡ 시험이 다가올수록 걱정이 많대요. (試験が近づいてくるほど心配事が多いそうです)

1) 시장하다 / 천천히 먹어야 한다
➡

2) 소비를 많이 하다 / 쓰레기가 늘어난다
➡

3) 힘들 때이다 / 돕고 살아야 한다
➡

4) 기쁨은 나누다 / 행복해진다
➡

練習 10-2 -더군요를 用いて文を完成させ、発音してみましょう。♪ ⁴⁷

例) 가: 단계별 학습법은 어땠어요?
나: 들어봤는데 (좋다 → 좋더군요).

1) 가: 그런 악기는 비싼가요?
나: 가격을 알아보니 생각보다 (비싸다 →   ).

2) 가: 박 선배한테 실험실에 관한 정보를 얻었나요?
나: 네. 그분이 정말 정보에 (밝다 →   ).

3) 가: 심리학 강의는 어땠어요?
나: 강의가 아주 (재미있다 →   ).

4) 가: 료타는 한국어를 잘해요?
나: 네. 발음이 아주 (자연스럽다 →   ).

練習 10-3 -ㄹ/을지를 用いて文を完成させ、日本語に訳しましょう。

例) 국제 회의에 단체로 (참가하다 → 참가할지) 의논해야 한다.
➡ 国際会議に団体で参加するのか相談しなければならない。

1) 회의를 (취소하다 →   ) 말지 내일까지 결론을 내려야 한다.
➡

2) 꿈이 (이루어지다 →   )는 모르겠지만 어떻게든 해 보겠습니다.
➡

3) 다만 예산이 (늘어나다 →   )는 아직 알 수 없답니다.
➡

4) 아이가 어려운 과정을 잘 (견딜 수 있다 →   ) 걱정이다.
➡

한국어 학습

会 話 スミンと亮太、恵美が韓国語学習についての話をしています。

수민　❶ 료타 씬 이제 6 개월 과정이 끝났나요?

료타　❷ 네. 한국어는 공부하면 **할수록** 왠지 어려운 것 같아요.

수민　❸ 발음은 상당히 좋아진 것 같네요. 아주 자연스러워요.

료타　❹ 자연스럽긴요.

　　　❺ 아직까지 거센소리와 된소리도 잘 구분하지 못하는데요.

에미　❻ 참, 수민 씨, 하나 물어봐도 돼요?

　　　❼ 형용사와 동사에는 어미가 붙고, 대명사와 명사에는 조사가 붙잖아요.
그런데 관형사는 뭔가요?

수민　❽ 음, 예를 들면 온 나라, 온갖 음식의 '온', '온갖'과 같이 명사 앞에 오는
걸 관형사라고 해요.

에미　❾ 아아, 그렇군요. 이제야 의문이 풀렸어요.

　　　❿ 항상 명사와 함께 쓰이는군요.

수민　⓫ 우리말 문법은 다른 언어에 비해 그리 어렵지 않죠?

료타　⓬ 네. 전 문법보다 문자와 받침이 어려웠어요.

　　　⓭ 처음에 한글 자음과 모음을 배우는 데 한 달이나 걸렸어요.

수민　⓮ 외국인에겐 전반적으로 문자와 발음이 어렵다고 하**더군요**.

에미　⓯ 전 발음말고도 받아쓰기도 어려웠어요.

료타　⓰ 한국어는 일본어에 비해 어미의 종류가 많고 다양한 것 같아요.

수민　⓱ 그게 한국어의 특징이죠. 어학은 달리 방법이 없어요.

　　　⓲ 날마다 연습하는 수밖에 없어요.

료타　⓳ 내년에 대학원에 들어갈 수 있**을지** 걱정이에요.

☑ 音読 Check! | 正 | | | |

☑ 発音 Check!

❶ 끝났나요[끈난나요]
❷ 할수록[할쑤록]
❹ 자연스럽긴요[자연스럽낀뇨]
❺ 못하는데요[모타는데요]
❾ 그렇군요[그러쿤뇨]
⓳ 들어갈 수 있을지[드러갈쑤있을찌]

単語と表現 🎵 49

□ −개월(個月) ～ヵ月　▶6개월

□ 과정 課程

□ 거센소리 激音

□ 된소리 濃音

□ 형용사 形容詞

□ 동사 動詞

□ 어미 語尾

□ 대명사 代名詞

□ 명사 名詞

□ 조사 助詞

□ 관형사 [準2] 冠形詞

□ 의문 疑問　▶의문문, 의문점

□ 우리말 私たちの言葉、国語、韓国語

□ 언어 言語

□ 받침 パッチム、終声

□ 자음 子音

□ 모음 母音

□ 받아쓰기 書き取り、ディクテーション

□ 종류[종뉴] 種類

□ 특징[특찡] 特徴

□ 어학 語学

□ 온(＋名詞) すべての、全～

□ 온갖(＋名詞) [準2] あらゆる種類の、すべての

□ 왠지 なぜだか

□ 상당히 [準2] かなり、相当

□ 예를 들면 例えば

□ 이제야 [準2] 今まさに、やっとのことで

□ 그리①(=그다지/별로) さほど、それほど

□ 전반적(으로) 全般的(に)

□ 달리 ほかに、別に

□ 날마다(=매일) 毎日、日ごと　▶−마다 (助詞)

□ 자연스럽다⟨ㅂ⟩ 自然だ　→ p.100

□ 다양하다 [準2] 多様だ

□ 구분(하) [準2] 区分

□ 붙다 付く、(試験に)受かる、くっつく

□ 풀리다 ほどける、解ける、(天気が)和らぐ

□ 쓰이다 [準2] 使われる、用いられる

□ −과/와 같이 ～のように

□ −에 비해 ～に比べて

□ −는 데 ～するのに（目的）

□ −말고도 ～のほかにも（助詞）

□ −는 수밖에 없다 ～するほかない

読解力・聞き取り力 Check!

1. 료타는 몇 개월 과정이 끝났나요?

2. 형용사와 동사에는 뭐가 붙나요?

3. 명사와 대명사에는 뭐가 붙나요?

4. 한국어를 배울 때 외국인에겐 뭐가 어렵대요?

5. 한국어는 일본어에 비해 어떤 점이 다른가요?

6. 어학 공부를 잘 하는 방법은 무엇인가요?

単語力 Up

어(語)	습(習)	전(全)	법(法)	-생(生)
어학	연**습**	**전**부	**법**률	연구**생**
어휘	예**습**	**전**국	**법**적	졸업**생**
어미	복**습**	**전**체	**법**과대학	유학**생**
언**어**	**습**관			

練習 10-4 「単語力 Up」から適当な単語をすべて選び、発音してみましょう。

1) 어학 공부는 날마다 (   )하는 습관을 들이는 게 중요해요.

2) 한국어는 (   )의 종류가 다양해서 어려워요.

3) 우리 대학의 연구생은 (   ) 몇 명이래요?

4) 외국에서 어학 공부를 위해 온 (   )이 200명쯤 된대요.

5) 연구생은 (   )인 문제는 없다고 들었어요.

もっと知りたい！ 冠形詞

□ 각 それぞれの、各々の　각 사람　　　　　□ 온갖 あらゆる種類の　온갖 종류

□ 맨 一番、最も　맨 앞에 앉은 사람　　　　□ 이런저런 あれこれ　이런저런 이야기

□ 아무런 どんな、何の　아무런 일도 없음　　□ 옛 昔の、ずっと昔の　옛 친구

□ 오랜 長い、久しい　오랜 시간　　　　　　□ 전 全〜、すべての　전 국민

□ 온 すべての、全〜　온 나라　　　　　　　□ 첫 初めての、最初の　첫말, 첫사랑

練習 10-5 次の文にふさわしいものを選びましょう。

1) 일반적으로 법적 문제는 (①없을지 ②없는지) 알아봅시다.

2) 마음이 (①흔들릴지 ②흔들리는지) 모르니까 일단 말을 해야겠어.

3) 동료들에게 환영을 (①받을지 ②받는지)는 모르겠지만 진행해 볼게.

4) 사무국의 여직원이 얼마나 (①부지런할지 ②부지런한지) 모른다.

☞ -는(ㄴ/은)지(→ p.46)は、「(今)~しているのか」「(いつも)~するのか」という現在のことについて表現する場合に用います。

練習 10-6 (　　　) に適当な冠形詞を入れ、日本語に訳しましょう。

| 이런저런 | 아무런 | 각 | 첫 | 맨 | 오랜 |

1) 명함을 정리하다가 문득 (　　　　　　) 사랑이 생각났다.
   ➡

2) 지금까지 (　　　　　　) 시간 견뎌 왔지만 이제는 참지 않을 것이다.
   ➡

3) 연말에 (　　　　　　) 사무실에 필요한 게 없는지 확인했다.
   ➡

4) 더구나 회사에 (　　　　　　) 소문이 퍼지면 문제 해결이 어렵다.
   ➡

5) 계속 말을 해도 (　　　　　　) 반응이 없으니까 답답해서 죽겠다.
   ➡

6) 왜냐하면 강의실 (　　　　　　) 뒤에 앉으면 집중력이 떨어지기 때문이다.
   ➡

練習 10-7 スミンと会った日に恵美が書いた文章を読んでみましょう。
またスミンの立場で第 10 課の内容を書いてみましょう。

　한국어를 공부할 때 일본인에게 있어서 제일 어려운 점은 문자와 발음이 일치하지 않는다는 점이다. 그래서 그런지 나는 받아쓰기가 제일 어려웠다. 오늘 '관형사'에 관해서 수민 씨가 자세하게 설명해 주었다. 설명을 듣고 보니 의문이 완전히 풀렸다. 료타 씨는 내년에 대학원에 들어갈 예정인데 시험에 붙을 수 있을지 걱정하는 것 같았다. 나도 유학 기간이 끝나면 뭘 할지 생각해 봐야겠다.

-에게 있어서 ~にとって　　-에 관해서 ~に関して　　-고 보니 ~してみると、~してみたら

未来連体形(ㄹ/을)を含む慣用表現

	意味	例文	頁
-ㄹ/을 수 있다	～することができる	경험을 쌓을 수 있어요.	63
-ㄹ/을 수 없다	～することができない	경험을 삻을 수 없어요.	
-ㄹ/을 일이 있다	～することがある	할 일이 있어서 먼저 갑니다.	91
-ㄹ/을 일이 없다	～することがない	할 일이 없어요.	
-ㄹ/을 리가 있다	～するはずがある	그럴 리가 있어?	110
-ㄹ/을 리가 없다	～するはずがない	그럴 리는 없다.	110
-ㄹ/을 줄 알다	～することができる	읽을 줄 알아요.	116
-ㄹ/을 줄 모르다	～することができない	딸을 팔 줄 몰라요.	116
-ㄹ/을 뿐(이다)	～するだけだ	내 일을 할 뿐이다.	110
-ㄹ/을 뿐(만) 아니라	～するだけではなく	노래를 잘할 뿐 아니라	110
-ㄹ/을 테다	～するのだ	이번에야말로 꼭 합격할 테다!	88
-ㄹ/을 테니(까)	～するから	꼭 합격할 테니(까)	88
-ㄹ/을 텐데	～（はずな)のに	형님도 바쁠 텐데	32
-ㄹ/을까 하다	～しようかと思う	회사를 그만둘까 한다.	60
-ㄹ/을까 말까	～するかどうか	갈까 말까 고민 중이다.	93
-ㄹ/을 모양이다	～らしい	주인이 바뀔 모양이야.	96
-ㄹ/을 것 같다	～（し)そうだ	비가 올 것 같네요.	32
-ㄹ/을 뻔하다	～するところだ	배고파서 죽을 뻔했어요.	96
-ㄹ/을지(도) 모르다	～するかもしれない	졸업 못 하게 될지도 몰라.	57
-ㄹ/을 적(에)	～する時(に)	어릴 적에 살던 곳이에요.	69
-ㄹ/을수록	～するほど	공부할수록 재미있어.	74

p.67 模擬テスト③の解答

1. 1) ④ 2) ① 3) ③ 4) ②   2. 1) ④ 2) ② 3) ① 4) ③ 5) ② 6) ④

ハングル能力検定試験３級模擬テスト④

〈共通語彙〉

1. （　　）の中に入る適切なものを①〜④の中から１つ選びなさい。

   1) ・날씨가 많이 (　　　) 따뜻해졌어요.

     ・어려운 문제도 다 (　　　) 기분이 좋았어요.

     ① 쉬어서　　　　　② 풀려서　　　　　③ 풀어서　　　　　④ 좋아서

   2) ・(　　　) 생선은 건강에 안 좋아요.

     ・아빠는 (　　　) 밥은 안 먹어요.

     ① 탄　　　　　　　② 타는　　　　　　③ 질은　　　　　　④ 진

   3) ・이번에 엄마가 마음 (　　　)을/를 많이 했어요.

     ・젊었을 때 (　　　)은/는 사서 한대요.

     ① 빨래　　　　　　② 집안일　　　　　③ 청소　　　　　④ 고생

   4) ・졸업시험에 (　　　) 좋아서 그래요.

     ・두 사람이 매일 (　　　) 다닌다고 소문났던데요.

     ① 붙어서　　　　　② 합격해서　　　　③ 올라서　　　　④ 싫어서

〈文法：語尾〉

2. （　　）の中に入る適切なものを①〜④の中から１つ選びなさい。

   1) 가: (　　　) 앉으세요.　　　　　　　　나: 고맙습니다.

     ① 편하지만　　　　② 편하고　　　　　③ 편하게　　　　④ 편해서

   2) 가: 병원에 (　　　) 왔어요?　　　　　나: 아뇨, 내일 가려고요.

     ① 간다면　　　　　② 갔다가　　　　　③ 가거나　　　　④ 가게

   3) 한국에선 취직(　　　) 영어 성적이 좋아야 된대요.

     ① 하려면　　　　　② 하다가　　　　　③ 하게　　　　　④ 한다면

   4) 시험은 봤는데 (　　　) 몰라요.

     ① 떨어지는지　　　② 떨어져야　　　　③ 떨어질까　　　④ 떨어질지도

☞ 解答は、p.108。

제11과 病院

学習目標：「합니다体の勧誘形」と「〜だとしても」「〜のだ」の表現を学びます。

♪ 50

| 바쁘더라도 검사를 받아 보십시다. | 忙しくても検査を受けてみましょう。 |
| 이 약은 자기 전에 먹는 거예요. | この薬は寝る前に飲むんです。 |

 POINT 1 -(으)십시다 〜しましょう （합니다体の勧誘形）

합니다体の勧誘形。提案や要求などに用いられます。ただし、目上の人に使うと失礼な感じを与えかねないので「-(으)시겠어요?」「-(으)시지요」「-아/어 주시겠어요?」などの表現を使うのが無難です。(*ㄹ語幹はㄹが落ちて -십시다がつく)

| 母音語幹＋십시다 |
| ㄹ語幹＋십시다 |
| 子音語幹＋으십시다 |

오늘은 결론을 내십시다.
자동차는 사지 마십시다.*
책은 여기까지만 읽으십시다.

☞ -(으)십시다는、-ㅂ시다/읍시다とほとんど同じ意味で使われます。例）오늘은 결론을 냅시다.

 POINT 2 -더라도 〜だとしても、〜くても

仮定や譲歩を表す接続語尾。既習の -아/어도（〜しても）にはない「仮に〜だとしても」というニュアンスがあります。

| 語幹＋더라도 |

가시더라도 더 놀다가 가세요.
좀 아프더라도 참으세요.
재산이 없더라도 상관없어요.

 POINT 3 -는(ㄴ/은) 것이다 〜のだ、〜なのだ、〜ことだ

動作や行為、状況や事実などを説明する時に用いる慣用表現。
(*ㄹ語幹動詞はㄹが落ちて -는 것이다が、ㄹ語形容詞はㄹが落ちて -ㄴ 것이다がつく)

| 動 語幹＋는 것이다 |
| 存 語幹＋는 것이다 |
| 形 語幹＋ㄴ/은 것이다 |
| 指 語幹＋ㄴ 것이다 |

곰탕은 어떻게 만드는 건가요?*
나갔는데 지갑이 없는 거예요.
상태가 정말 괜찮은 거예요?
확실히 모르는 일인 거죠?

☞ 「〜したのだ」は、-ㄴ/은 것이다もしくは -았/었던 것이다で表現します。

練習 11-1   例にならって一つの文にし、日本語に訳しましょう。

例) 환경이 좋다 / 그냥 여기서 살다
➡ 환경이 좋으니 그냥 여기서 사십시다. (環境がいいから、このままここで住みましょう)

1) 비용이 들다 / 잘 살펴서 정하다
➡

2) 상황이 복잡하다 / 다음으로 연기하다
➡

3) 시기가 안 좋다 / 이 문제는 덮어 두다
➡

4) 어렵게 입원했다 / 검사를 받아 보다
➡

練習 11-2   例にならって一つの文にし、日本語に訳しましょう。

例) 허리가 아프다 / 좀 참다
➡ 허리가 아프더라도 좀 참으세요. (腰が痛くてもすこし我慢してください)

1) 비록 헤어지다 / 비밀은 지켜 주다
➡

2) 일이 힘들다 / 조금만 더 견디다
➡

3) 감독이 큰소리를 치다 / 절대로 믿지 말다
➡

4) 이번에 실패하다 / 결코 용기를 잃지 말다
➡

練習 11-3   -는 거예요, -ㄴ/은 거예요を用いて文を完成させ、発音してみましょう。♪⁵¹

例) 가: 이건 어떻게 (하다 → 하는 거예요)?
나: 저를 따라서 하면 돼요.   ▶-를/을 따라서 ～に従って

1) 가: 김치찌개는 어떻게 (만들다 →   )?
나: 이대로 하면 돼요.

2) 가: 왜 자꾸 다리가 (붓다 →   )?
나: 검사해서 원인을 찾아봅시다.

3) 가: 지금 상황이 (심각하다 →   )?
나: 네. 생각했던 것보다 심각하네요.

4) 가: 식물원까지 택시를 타고 갔어요?
나: 네. 걸어서 가려고 하니까 너무 (멀다 →   ).

병원

| 会 話 | 昨夜から体調不良の恵美は、スミンと会う前に病院に寄りました。 |

52 ♪

의사 ❶ 어디가 불편하세요?

에미 ❷ 어제저녁 무렵부터 갑자기 식은땀이 나고 열도 좀 나서요.

의사 ❸ 고개를 들고 혀를 내밀어 보세요. 목이 좀 부었군요.

에미 ❹ 저기, 침을 삼키기가 힘들어요.

의사 ❺ 숨소리는 괜찮은데요. 오신 김에 피검사도 하**십시다**.

　　 ❻ 검사 결과는 내일 나와요. 절대 무리하면 안 됩니다.

간호원 ❼ 주사가 아프**더라도** 좀 참아요.

에미 ❽ (会計を待ちながら) (급한데, 약속 시간에 늦겠네.)

직원 ❾ 후지이 에미 씨, 건강보험증이요.

　　 ❿ 약은 길 건너 약국에서 받으세요. 피시방 바로 옆이에요.

에미 ⓫ 네? 약국 위치를 좀 자세히 가르쳐 주세요.

직원 ⓬ 저기 창밖으로 지하 피시방 출입구가 보이죠?

　　 ⓭ 그 옆에 '약방' 간판이 보이죠? 거기예요.

　　 ⓮ 출구로 나가서 길을 건너면 돼요.

에미 ⓯ 네, 고맙습니다.

(恵美は薬を買って、スミンと待ち合わせをしている喫茶店に向かいました)

수민 ⓰ 얼굴색이 안 좋네요? 어디 아파요?

에미 ⓱ 여기 오기 직전에 내과에 들렀는데, 감기래요.

　　 ⓲ 주사 맞고, 약국에서 알약하고 가루약을 받아 왔어요.

수민 ⓳ 네. 그럼 맛있는 케이크라도 먹고 일찍 집에 가서 푹 쉬어요.

　　 ⓴ 여기가 이래 봬도 치즈 케이크로 유명한 집이거든요.

에미 ㉑ 네. 수민 씨가 사 주**는 거**예요? ^-^

☑ 音読 Check!　　| 正 | | | |

☑ 発音 Check!

❷ 저녁 무렵부터[저녁무렵뿌터]

❸ 부었군요[부얻꾼뇨]

⓰ 안 좋네요[안존네요]

⓲ 알약하고[알랴카고]

⓴ 집이거든요[지비거든뇨]

単語と表現 ♪ 53

□ 무렵 ～頃　▶저녁 무렵	□ 갑자기[갑짜기]　急に、突然
□ 식은땀　冷や汗　▶식다	□ 저기　あの、あのう、ええ
□ 열　熱　▶열이 나다	□ 절대(로)[절때]　絶対(に)
□ 고개　準2 首、頭　▶고개를 들다	□ 자세히　詳しく、細かく　▶자세하다
□ 혀　舌、ベロ	□ 푹　ぐっすり
□ 침　準2 唾	□ 이래 봬도　こう見えても
□ 숨　息、呼吸　▶숨소리[숨쏘리]	□ 불편(하)　不便、体調不良
□ 검사　検査　▶피검사　血液検査	□ 급하다[그파다]　急だ、急を要する
□ 주사　注射　▶주사를 놓다	□ 유명하다　有名だ
□ 보험　保険　▶보험증[보험쯩]	□ 내밀다　準2 差し出す、突き出す
□ 건너　向こう、向かい側　▶건너편	□ 붓다⟨ㅂ⟩　準2 腫れる、むくむ
□ 약국[약꾹]　薬局　▶약방(薬房)	□ 삼키다　準2 飲み込む
□ 피시방　インターネットカフェ　▶피시 PC	□ 무리(하)　無理
□ 위치　位置	□ 참다[참따]　我慢する、こらえる
□ 창밖(窓-)　窓の外　▶창문	□ 건너다　渡る　▶건너가다、건너뛰다
□ 지하　地下	□ 들르다⟨으⟩(=들리다)　立ち寄る、寄る
□ 출입구[출입꾸](出入口)　出入リ口　▶출입문	□ 주사를 맞다　注射を打ってもらう
□ 간판　看板	□ -군(요)　～ですねえ　→ p.46
□ 내과[내꽈]　内科　▶외과[외꽈]	□ -기(가) 힘들다　～しにくい、～しづらい
□ 알약[알략]　錠剤　▶알 玉、卵、実	□ -는(ㄴ/은) 김에　～する(した)ついでに
□ 가루　粉　▶가루약, 고춧가루	□ -기 직전에　～する直前に

読解力・聞き取り力 Check!

1. 에미는 언제부터 식은땀이 나고 열이 났나요?

2. 의사 선생님이 뭐라고 했나요?

3. 에미는 병원에서 주사도 맞았나요?

4. 약국은 어디에 위치해 있나요?

5. 에미는 약국에서 어떤 약을 받았나요?

6. 수민은 에미에게 뭘 먹으라고 했나요?

↗ 単語力 Up ↗

지(地)①	출(出)	표(表)	불(不)	-국(局)
지상	**출**구	**표**정	**불**가능	약**국**
지하	**출**입문	**표**현	**불**만	우체**국**
지역	**출**근(⇔퇴근)	**표**시 準2	**불**안	사무**국**
			불편	

練習 11-4　「単語力 Up」から適当な単語をすべて選び、発音してみましょう。

1) (　　　　　　) 출구는 저쪽에 있어요.

2) 통근 길에 지하에서 (　　　　　　)으로 나오면 기분이 좋아져요.

3) 불만이 있으면 (　　　　　　)를/을 하세요.

4) 불안한 표정으로 아침에 회사에 (　　　　　　)했다.

もっと知りたい！ 身体の状態や病気の症状

□ 몸이 불편하다	身体の具合が悪い	□ 온몸이 피곤하다	全身が疲れる
□ 졸음/잠이 오다	眠い	□ 숨이 차다	息が切れる、息苦しい
□ 감기가 들다	風邪をひく	□ 갑자기 쓰러지다	急に倒れる
□ 열이 나다	熱が出る	□ 의식을 잃다	意識を失う
□ 목이 붓다	のどが腫れる	□ 정신을 잃다	気を失う
□ 이를 뽑다	歯を抜く	□ 주사를 놓다	注射を打つ
□ 약을 바르다	薬を塗る	□ 주사를 맞다	注射を打ってもらう

練習 11-5　文をつないで、例のように言ってみましょう。

1)　스키를 타러 가다　•

2)　대표님을 만나다　•

3)　당일 출근하다　•

4)　새집으로 이사하다　•

•　시험 감독관을 맡다

•　침대하고 이불도 새로 사다

•　근처 예술가 마을에도 들르다

•　강연을 부탁해 보다

스키를 타러 가는 김에 근처 예술가 마을에도 들르는 건 어때요?

練習 11-6　音声を聞いて、（　　）の内容を書き入れてみましょう。♪ 54

1)　가: 언제 다쳤어? 아프겠다.
　　나: 엄마가 (　　　　　　　　　　　　　　　　)
　　가: 그래. 약을 가지고 올게.

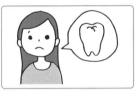
2)　가: 병원에서 이를 뽑아야 한다고 하네요.
　　나: 뭐라고?
　　　　(　　　　　　　　　　　　　　　　)

3)　가: 여보세요?
　　나: 할아버지가 (　　　　　　　　　　　　　)
　　가: 뭐? 쓰러지셨다고? 알았어. 바로 갈게.

4)　가: 아빠도 (　　　　　　　　　　　　　　)
　　나: 수염을 기르라고?
　　가: 네. 멋있어 보일 것 같아요.

 練習 11-7　スミンと会った日に恵美が書いた文章を読んでみましょう。
またスミンの立場で第 11 課の内容を書いてみましょう。

　　어제저녁 무렵부터 열이 나기 시작했다. 아무래도 병원에 가는 게 좋을 것 같아서 수민 씨를 만나기에 앞서 내과에 들렀다. 의사는 지난번과 마찬가지로 감기라고 했다. 내일은 집에서 푹 쉬어야겠다.

-기 시작하다 〜しはじめる　　-기에 앞서 〜するのに先立って　　-과/와 마찬가지로 〜と同じく

 **제12과** 旅行の計画

学習目標：「〜するから」「〜のかと言うと」「〜するには」
の表現を学びます。

55 ♪
> 왜 가느냐면 다들 기다릴 테니까.　　なぜ行くのかと言うと皆が待っているから。
>
> 밤에 나가기에는 좀 위험하지 않아?　　夜に出かけるには少し危ないんじゃない？

 POINT 1 -ㄹ/을 테니(까)　〜するから（意志）、〜だろうから（推量）

話し手の意志や推量を表す慣用表現。後には主に「〜してください」「〜しましょう」などの命令や勧
誘文が続きます。（*ㄹ語幹動詞はㄹが落ちて -ㄹ 테니까がつく）

| 母音語幹＋ㄹ 테니(까) |
| ㄹ語幹＋ㄹ 테니(까) |
| 子音語幹＋을 테니(까) |

도중에라도 꼭 갈 테니 기다려.
이런 바위는 드물 테니까 가져가자.*
회사가 나서서 도울 테니까 걱정하지 마.

☞ -ㄹ/을 테다(〜するつもりだ)は、話し手の強い意志を表す慣用表現。
　例) 이번에야말로 꼭 합격할 테다.

 POINT 2 -느냐면, -(으)냐면　〜のかというと

-느냐고 하면, -(으)냐고 하면から -고 하- が縮約された形。過去形は品詞を問わず -았/었느냐면です。

| 動 語幹＋느냐면 |
| 存 語幹＋느냐면 |
| 形 語幹＋(으)냐면 |
| 指 語幹＋냐면 |

어떻게 하느냐면 이렇게 해.
시간이 있느냐면 없다고 해라.
평일이 좋으냐면 그렇지도 않아.
누가 감독이냐면 바로 저분이야.

☞ 最近は느, 으抜きの形もよく使われます。
　例) 어떻게 하냐면, 시간이 있냐면, 평일이 좋냐면

 POINT 3 -기에(는)　〜するには、〜するのに

ある行動をするにあたって話し手の判断などを表す慣用表現。後節には形容詞が来ます。-기에는や -기
엔の形もよく使われます。-기에 좋다は「〜するのによい」という意味です。

| 語幹＋기에(는) |
| 語幹＋기엔 |

개를 산책시키기에 좋은 날씨네.
지배인이 되기에는 기본이 부족하군요.
금상을 포기하기엔 이르지 않나요?

練習 12-1 例にならって一つの文にし、日本語に訳しましょう。

例) 짐을 맡기다 / 나흘만 맡아 주다
　　➡ 짐을 맡길 테니까 나흘만 맡아 줘요. (荷物を預けるから 4 日間だけ引き受けてください)

1) 임금을 올려 주다 / 그만두지 말아 주다
　➡

2) 평일에는 바쁘다 / 주말에 놀러 오다
　➡

3) 지배인이 부탁하러 가다 / 도저히 못 한다고 하다
　➡

4) 끝내 해내다 / 믿고 기다리다
　➡

練習 12-2 例にならって文を完成させ、発音してみましょう。 56 ♪

例) 가: 언제 (복사하다 → 복사하느냐면) 지금 바로 해야 돼.
　　나: 알겠어요.

1) 가: 이런 일이 (흔하다 →　　　　　　　　) 절대로 아니야.
　　나: 대단히 드문 일이지.
2) 가: 뭐가 (아깝다 →　　　　　　　　) 시간이 제일 아까워.
　　나: 아무데도 안 가고 열심히 했는데.
3) 가: 누가 제일 (밉다 →　　　　　　　　) 바로 나 자신이야.
　　나: 그런 말씀은 하지 마세요.
4) 가: 지금 뭘 (상상했다 →　　　　　　　　) 우리가 유럽 여행을 가는 거야.
　　나: 여권부터 만들어야겠네.

練習 12-3 -기에는を用いて文を完成させ、日本語に訳しましょう。

例) 우리 앞에 놓인 문제를 (해결하다 → 해결하기에는) 시간이 부족했다.
　　➡ 私たちの前に置かれた問題を解決するには時間が足りなかった。

1) 시대 정신을 (담다 →　　　　　　　　) 좀 부족한 것처럼 보였다.
　➡

2) 이번 선거는 우리 후보가 (이기다 →　　　　　　　　) 어려운 상황이었다.
　➡

3) 대책을 (세우다 →　　　　　　　　) 너무 늦었다고 판단했다.
　➡

4) 아직 (안심하다 →　　　　　　　　) 이르다고 전했다.
　➡

여행 계획

| 会 話 | 惠美は語学堂の友人たちとの旅行計画を立てています。 |

57
♪

수민 ❶ 오늘은 날씨가 많이 풀려서 따뜻하네요. 거기서 뭐해요?

에미 ❷ 여행 자료를 찾다가 재미있는 기사를 발견해서 읽고 있었어요.

수민 ❸ 여행 가나요? 국내 여행?

에미 ❹ 네. 어학당 친구들 넷이서 2박 3일로 여행을 가기로 했거든요.

　　 ❺ 제가 책임자라서 관광지 조사부터 숙소 예약, 확인 전화 등등

　　　 할 일이 한두 가지가 아니네요.

수민 ❻ 제가 도울 일이 있으면 뭐든지 도울 **테니까** 언제든 얘기해요.

에미 ❼ 지금 뭘 상상했**느냐면** 수민 씨도 같이 가는 거예요.

　　 ❽ 수민 씨가 간다면 훨씬 더 재미있을 것 같아요.

수민 ❾ 제가 함께 가**기에는** 좀…….

에미 ❿ 괜찮아요. 수아 씨도 같이 가면 더 좋은데…….

수민 ⓫ 음, 저도 가고는 싶은데 주머니 사정이 안 좋아서요.

　　 ⓬ 이달에 생각지 못한 지출이 많았거든요.

에미 ⓭ 이번에 가려는 곳은 남쪽 지역이라서 볼 곳도 많아요.

　　 ⓮ 첫날은 하루 종일 자유행동이고, 둘째 날은 전통마을을 구경하고

　　　 전통마을 안에 있는 한옥에서 묵을 거예요.

수민 ⓯ 와, 예산이 얼마예요?

에미 ⓰ 전부 합쳐서 30만 원 정도예요.

수민 ⓱ 좀 생각해 볼게요. 수아한테도 물어보고 나중에 문자할게요.

에미 ⓲ 이거 여행 스케줄하고 전통 마을에 관한 자료예요.

수민 ⓳ 그럼 저는 할 일이 있어서 먼저 갑니다.

☑ 音読 Check! | 正 | | | |

☑ 発音 Check!

❷ 읽고 있었어요[일꼬이써써요]

❹ 했거든요[핻꺼든뇨]

❺ 할 일이[할리리]

❽ 재미있을 것 같아요

　　[재미이쓸껃까타요]

⓬ 많았거든요[마낟꺼든뇨]

⓭ 볼 곳도[볼꼳또]

⓮ 첫날은[천나른]

単語と表現 ♪ 58

□ 자료 <u>資料</u>	□ 언제든(지) いつでも
□ 기사 <u>記事</u>	□ 훨씬 （程度が）ずっと、遥かに
□ 국내[궁내](⇔국외) <u>国内</u>	□ 전부 <u>全部</u>、すべて
□ 어학당[어학땅] <u>語学堂</u>	□ 나중에 あとで
□ -박 ~泊 ▶2박3일	□ 풀리다 ほどける、解ける、（天気が）和らぐ
□ 책임 <u>責任</u> ▶책임자, 책임지다	□ 발견(하) <u>発見</u>
□ 관광 <u>観光</u> ▶관광지	□ 조사(하) <u>調査</u>
□ 숙소[숙쏘](宿所) 宿	□ 예약(하) <u>予約</u>
□ 등등(等等) 等など	□ 확인(하) <u>確認</u>
□ 한둘/한두 ひとつやふたつ ▶한두 가지	□ 돕다〈ㅂ〉 助ける、手伝う
□ 주머니 ポケット、財布	□ 상상(하) <u>想像</u> ▶상상력
□ 사정 <u>事情</u>、わけ	□ 지출(하) 準2 <u>支出</u>、出費
□ 지역 <u>地域</u>	□ 구경(하) <u>見物、観覧</u> ▶구경거리
□ 첫날[천날] 初日	□ 묵다 ①泊まる ②古くなる
□ 하루 종일(-終日) 一日中、終日	□ 합치다(合-) 合わせる、合計する
□ 자유행동 <u>自由行動</u>	□ -(이)서 ~（人）で（助詞）
□ 둘째 날 二日目	□ -기로 하다 ~することにする
□ 전통마을 <u>伝統村</u>	□ -든(지) ~でも（助詞）
□ 한옥(韓屋) 韓国の伝統家屋	□ -(ㄴ/는)다면 ~だというなら、~なら
□ 예산 <u>予算</u>	□ -(이)라서 ~なので
□ 문자[문짜] <u>文字</u>、携帯ショートメール	□ -에 관한 ~に関する（＋名詞）

1. 에미는 누구하고 여행을 갈 예정인가요?

2. 여행은 몇 박 며칠인가요?

3. 이번에 여행을 가는 지역은 어디인가요?

4. 둘째 날에는 어디를 가나요?

5. 여행 예산은 전부 합쳐서 얼마인가요?

6. 수민이도 같이 가기로 했나요?

単語力 Up

지(地)②	자(資)	국(国)	-자(者)	소(所)
지구	**자**료	**국**민	책임**자**	숙**소**
지역	**자**격	**국**가	관리**자**	재판**소**
	자원 準2	**국**외	사용**자**	세탁**소**
		제3**국**	노동**자**	

練習 12-4 「単語力 Up」から適当な単語をすべて選び、発音してみましょう。

1) 자료를 만드는 건 (   )로서 당연한 일입니다.

2) 이분이 여기 (   )의 책임자예요.

3) 제가 이 지역의 관리자 (   )으로 말하는 건데요.

4) 지구자원회의가 (   )에서 열리게 됐대요.

もっと知りたい！ 連用形(아/어)を含む慣用表現

□ 아/어 내다	～だす	없는 돈을 어디서 만들**어 내**니?
□ 아/어 놓다	～しておく	꽃병은 테이블 위에 올려 **놓**으세요.
□ 아/어 두다	～しておく	반찬은 만들**어 두**었어요.
□ 아/어 드리다	～してさしあげる	아빠 회사 일을 도와 **드렸**어요.
□ 아/어 보고 싶다	～してみたい	휴가 때 한국에 **가 보고 싶**어요.
□ 아/어 보이다	～く見える	티셔츠를 입으니까 젊**어 보여**요.

練習 12-5 文をつないで、例のように言ってみましょう。

1) 구급차가 바로 오다 •————————• 준비하고 있다

2) 숙소를 아직 안 잡았다 •　　　　　　• 돈을 아껴 쓰다

3) 여기 일은 저희가 맡다 •　　　　　　• 오랜만에 즐기고 오다

4) 비용이 충분하지는 않다 •　　　　　• 일본 여관을 소개해 주다

구급차가 바로 올 테니까 준비하고 있으세요.

練習 12-6 音声を聞いて、（　　）の内容を書き入れてみましょう。♪ 59

1) 가: 의논할 일이 생겼어요.
　　（　　　　　　　　　　　　　　　　　　　　　）
　　나: 그럼 자원 조사와 정리는 제가 맡을게요.

2) 가: 태국에는 몇 박 며칠로 가시나요?
　　나: （　　　　　　　　　　　　　　　　　　　　）
　　가: 겨울이라도 더워서 얇은 옷도 가져가야 돼요.

3) 가: 이번 여행의 책임자에게 확인할 게 있어서요.
　　（　　　　　　　　　　　　　　　　　　　　　）
　　나: 당일 상황에 따라 다른데 한 시간쯤일 거예요.
　　　　　　　　　　　　　　　　▸-에 따라 ～によって

4) 가: 평일과 주말은 비용이 다른가요?
　　나: （　　　　　　　　　　　　　　　　　　　　）
　　가: 네. 가족하고 상의해서 다시 전화할게요.

練習 12-7 恵美と会った日にスミンが書いた文章を読んでみましょう。
また恵美の立場で第12課の内容を書いてみましょう。

　에미 씨가 어학당 친구들과 2박 3일로 여행을 간다며 내게 같이 가자고 했다. 나한테 같이 가자고 할 거라고는 예상하지 못했다. 이달은 지출이 많은 관계로 비용이 좀 부담스러워서 갈까 말까 고민 중이다.

-(ㄴ/는)다며 ～と言いながら　　-ㄹ/을 거라고는 ～するとは　　-ㄹ/을까 말까 ～するか否か

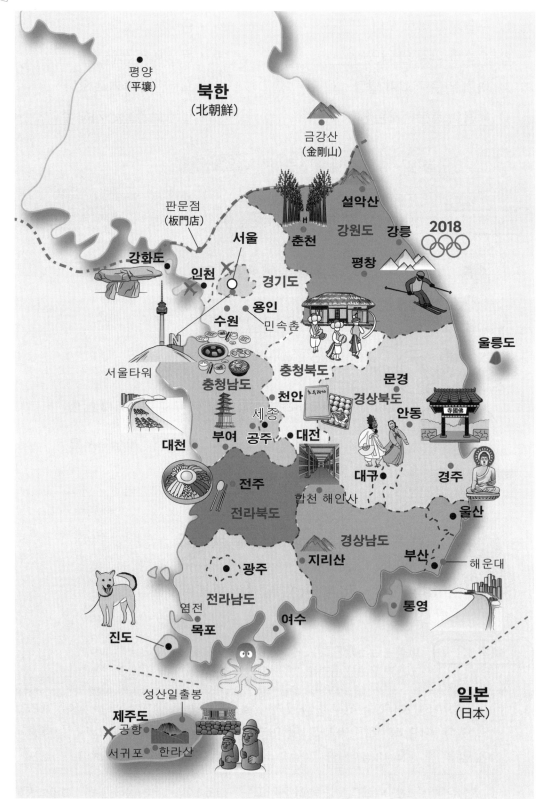

평양
(平壤)

북한
(北朝鮮)

금강산
(金剛山)

판문점
(板門店)

설악산

춘천 강원도 강릉

서울

2018

강화도

인천 경기도

평창

용인

수원

민속촌

울릉도

서울타워

충청북도

충청남도

천안 경상북도

문경

세종

안동

부여 공주 대전

대천

전주

경주

전라북도

합천 해인사

대구

울산

경상남도

지리산

부산

해운대

광주

전라남도

통영

염전

진도 목포 여수

일본
(日本)

성산일출봉

제주도

공항

서귀포 한라산

■ 日本語の漢字音の「く・き」＝韓国語の「ㄱ」パッチム

例）歴史 역사[역싸]　　　学生 학생[학쌩]　　　特別 특별[특뻴]

　　最悪 최악　　　　　衝撃 충격　　　　　責任 책임

■ 日本語の漢字音の「ち・つ」＝韓国語のㄹパッチム

※ ㄹパッチムの後のㄷ、ㅅ、ㅈは濃音化する。

例）発達 발달[발딸]　　　実施 실시[실씨]　　　日程 일정[일쩡]

　　技術 기술　　　　　仏教 불교　　　　　必要 필요

■ 日本語の漢字音の「ん」＝韓国語の「ㄴ」「ㅁ」パッチム

※「ㅇ」パッチムにはならない！

例）実践 실천　　　　　権利 권리　　　　　発見 발견

　　心理 심리　　　　　監督 감독　　　　　実験 실험

■ 日本語の漢字音が長母音(う)を含む場合＝韓国語の「ㅇ」パッチム（もしくは反映されない）

例）運動 운동　　　　　伝統 전통　　　　　行動 행동

　　情 정　　　　　　　上下 상하　　　　　表情 표정

　　調査 조사　　　　　注文 주문　　　　　周囲 주위

練習　日本語の意味を考えてみましょう。

① 실패　　　　　② 일기　　　　　③ 발생

④ 주인　　　　　⑤ 전통　　　　　⑥ 주문

⑦ 정치　　　　　⑧ 중앙　　　　　⑨ 상급

⑩ 청년　　　　　⑪ 전체　　　　　⑫ 현실

⑬ 학급　　　　　⑭ 체육　　　　　⑮ 조직

제13과 伝統村

学習目標：「〜するところだ」「〜みたいだ」「〜していたら／
しているうちに」の表現を学びます。

졸업 못 할 뻔했는데 잘된 모양이야.　卒業できなくなるところだったがうまくいったみたいだ。

조금 걷다 보면 찻집이 있을 거예요.　少し歩いていたら喫茶店があるでしょう。

POINT 1　-ㄹ/을 뻔하다　〜するところだ、〜しそうになる

常に過去形で使われます。（*ㄹ語幹動詞はㄹが落ちて -ㄹ 뻔하다がつく）

| 母音語幹 + ㄹ 뻔하다 |
| ㄹ語幹 + ㄹ 뻔하다 |
| 子音語幹 + 을 뻔하다 |

교통사고를 당할 뻔했다.
이달 수입이 줄 뻔했잖아*
배가 고파서 죽을 뻔했어요.

☞ -아/어(서) 죽을 뻔했다는、過去のことについて誇張して言う時に使います。現在のことについては
-아/어(서) 죽겠다を使います。例）배고파(서) 죽겠다!

POINT 2　連体形 + 모양이다　〜みたいだ、〜ようだ、〜らしい（推量）

話し手が直接見たり聞いたりした様子を伝える場合に用います。p.32で学習した -ㄹ/을 것 같다と違っ
て、自分のことには使いません。

| 現在連体形 + 모양이다　〜するようだ |
| 過去連体形 + 모양이다　〜したみたい |
| 未来連体形 + 모양이다　〜するらしい |

남쪽에는 눈이 오는 모양입니다.
도망갔던 대표가 잡힌 모양이야.
레스토랑 주인이 바뀔 모양이야.

POINT 3　-다(가) 보면/보니(까)　〜していると、していたら／〜しているうちに

p.12で学習した -다(가) に -(으)면と -(으)니(까)がついた慣用表現。-(으)니については p.26を参照。

| 語幹 + 다(가) 보면
〜していると、〜していたら |
| 語幹 + 다(가) 보니(까)
〜しているうちに |

가다 보면 우체통이 보일 거야.
살다 보면 좋은 일이 있을 거예요.
한참 걷다 보니 우체통이 보였어.
오래 살다 보니까 다 잊혀지네요.

練習 13-1 例にならって一つの文にし、日本語に訳しましょう。

例) 길이 막히다 / 모임에 늦다
   ➡ 길이 막혀서 모임에 늦을 뻔했어요. (道が混んでいて、集会に遅れるところでした)

1) 얇은 옷을 입고 나가다 / 감기에 걸리다
   ➡

2) 화장이 짙다 / 누군지 못 알아보다
   ➡

3) 재료가 부족하다 / 장사를 못 하다
   ➡

4) 그때 많이 힘들고 지치다 / 포기하다
   ➡

練習 13-2 例にならって一つの文にし、日本語に訳しましょう。

例) 잔돈이 있다 / 거스름돈을 받다
   ➡ 잔돈이 있는 걸 보니 거스름돈을 받은 모양이야. (小銭があるのを見ると釣銭をもらったみたい)

1) 밖이 시끄럽다 / 무슨 일이 있다
   ➡

2) 동창들이 잘되다 / 많이 부럽다
   ➡

3) 원장 선생님 뒤에 숨다 / 벌레가 무섭다
   ➡

4) 팀장까지 알다 / 직장에 소문이 퍼지다
   ➡

練習 13-3 –다가 보면もしくは다가 보니を用いて文を完成させ、発音してみましょう。 ♪ ⁶¹

例) 가: 내 케이크도 다 먹었어? 너무해!
   나: 미안. (먹다 보니) 다 먹어 버렸네.

1) 가: 노래를 매일 듣는다고요?
   나: 네. 매일 노래를 (   ) 가사를 다 외웠어요.
2) 가: 등산을 하면 살이 빠질까요?
   나: 그럼. 등산을 (   ) 조금씩 살이 빠질 거야.
3) 가: 노력하면 뭐해요? 힘들기만 하고.
   나: 열심히 (   ) 좋은 결과가 따라올 거예요.
4) 가: 지금까지 감추고 있었던 건가요?
   나: 실수를 (   ) 문제가 커진 것 같아요.

전통마을

会 話 伝統村に到着した恵美たち、朝鮮時代の家屋を見て回りました。

62

수아 **❶** 어머, 흙냄새, 밭도 있네!

❷ 이 주택은 연대가 아주 오래된 것 같다.

수민 **❸** 여기 조선시대 후기라고 적혀 있네. 당시 모습 그대로래.

에미 **❹** 연대를 알 수 있어요?

수민 **❺** 네. 18세기래요. 여긴 비교적 상태가 좋아 보이는데요.

❻ 어? 벌집이 있네요. 벌 조심하고, 마당에 들어가 볼까요?

에미 **❼** 앗! (石につまずく)

수민 **❽** 괜찮아요? 넘어질 **뻔했**네요.

에미 **❾** 네. 여기는 마당이 꽤 넓은 편이네요.

❿ 방과 방 사이에 마루가 있군요. 창문이 굉장히 작네요.

수민 **⓫** 겨울에 추우니까 창을 작게 만든 것 같아요. 옛날 집들은 거의 다 창이
작아요.

에미 **⓬** 아, 저쪽 지붕 너머 커다란 나무 좀 봐요.

수민 **⓭** 오, 멋있다! 한 군데 더 가 보면 좋겠는데.

⓮ 온 김에 코스를 따라 맨 위까지 가 보는 건 어때요?

에미 **⓯** 좋아요. 마당의 꽃들은 누가 일부러 심어 놓은 **모양이**죠?

수민 **⓰** 그런 **모양이**네요. 무슨 꽃인가?

에미 **⓱** 여기저기 노랑 나비들이 날아다니네요.

⓲ 이 동네 전체가 전통마을 보호구역인 **모양이**죠?

수민 **⓳** 그런 것 같아요. 근데 다리 안 아파요?

⓴ 이 길을 따라서 좀 가**다 보면** 유명한 찻집이 있는데 좀 쉬었다 갈까요?

에미 **㉑** 그게 좋겠어요.

❶ 흙냄새[흥냄새]　있네[인네]
❸ 적혀 있네요[저켜인네요]
㉑ 좋겠어요[조케써요]

単語と表現　🎵 63

□ 흙[흑] 土、泥	□ -군데 ～箇所 ▶한 군데
□ 밭 畑 ▶논밭	□ 맨- 一番～ ▶맨 위
□ 주택 住宅 ▶주택가	□ 비교적 比較的、わりと
□ 연대/년대 年代 ▶2020년대	□ 꽤 かなり、ずいぶん
□ 시대 時代	□ 굉장히 すごく ▶굉장하다
□ 후기(⇔전기) 後期	□ 일부러 わざと、わざわざ
□ 당시 当時	□ 오래되다 古い、久しい ▶오래 長く、久しく
□ 모습 姿	□ 커다랗다〈ㅎ〉 非常に大きい
□ 세기 世紀 ▶21세기	□ 유명하다 有名だ
□ 상태 状態	□ 적히다[저키다] 準2 書かれる
□ 벌집[벌찝] ハチの巣 ▶벌 ハチ	□ 넘어지다 倒れる
□ 마당 庭、広場	□ 심다[심따] 植える
□ 마루 床、板の間	□ 날아다니다 準2 飛び回る ▶날다 飛ぶ
□ 지붕 屋根	□ 보호(하) 保護
□ 너머(로) 向こう側、～越し(に) ▶창 너머	□ -(이)래 ～だそうよ → p.8
□ 코스 コース	□ -아/어 보이다 ～く見える
□ 노랑 나비 準2 黄色い蝶々	□ -는(ㄴ/은) 편이다 ～するほうだ
□ 동네 町、町内	□ -게 ～く、～に、～するように
□ 전체 全体	□ -ㄴ/은 김에 ～したついでに
□ 구역 準2 区域	□ -를/을 따라(서) ～に従って、～に沿って
□ 찻집[찯찝] 喫茶店	□ -아/어 놓다 ～しておく

1. 주택에는 어느 시대 건물이라고 적혀 있었나요?

2. 연대도 알 수 있었나요?

3. 누가 넘어질 뻔 했나요?

4. 전통 주택은 왜 창문을 작게 만들었대요?

5. 마당에는 뭐가 있었나요?

6. 유명한 찻집은 어디 있대요?

単語力 Up

보(保)	세(世)	시(時)	연/년(年)	후(後)
보호	세기	시대	연대	후기(⇔전기)
보호자	세계	시기	연간	후반(⇔전반)
보험	세대		청년	후배(⇔선배)
	세상		소년	

練習 13-4 「単語力 Up」から適当な単語をすべて選び、発音してみましょう。

1) 올해 (　　　　　　)에는 중요한 일들이 많답니다.

2) 청소년 (　　　　　　)를 위해 노력해 왔습니다.

3) 다음 세대인 (　　　　　　)들을 위한 보험이랍니다.

4) 이 보험은 보험료가 (　　　　　　) 10만원이나 싸답니다.

もっと知りたい！ -롭다, -스럽다

- ・-롭다 : 一部の名詞や冠形詞について形容詞を作る接尾辞
- □ 새롭다(새＋롭다) 真新しい　　　□ 평화롭다(평화＋롭다) 平和だ
- □ 흥미롭다(흥미＋롭다) 興味深い　□ 지혜롭다(지혜＋롭다) 賢い、知恵がある
- ・-스럽다 : 名詞について形容詞を作る接尾辞
- □ 고생스럽다(고생＋스럽다) 苦しい　　□ 불만스럽다(불만＋스럽다) 不満だ
- □ 만족스럽다(만족＋스럽다) 満足だ　　□ 위험스럽다(위험＋스럽다) 危なっかしい
- □ 미안스럽다(미안＋스럽다) すまない、恐れ入る □ 고통스럽다(고통＋스럽다) 苦痛だ

練習 13-5　次の文にふさわしいものを選びましょう。
（どちらも OK の場合もあります）

1） 먼저 주무세요. 저는 좀 (①늦을 것 같아요 ②늦을 모양이에요).

2） 고모 큰아들이 무역회사에 (①합격한 것 같아요 ②합격한 모양이에요).

3） 그 일은 회사에서 종합적으로 (①판단할 것 같아요 ②판단할 모양이에요).

4） 이제 나도 업무 부담을 (①덜 수 있을 것 같아 ②덜 수 있을 모양이야).

練習 13-6　音声を聞いて、（　　）の内容を書き入れてみましょう。 64 ♪

1） 가: (　　　　　　　　　　　　　　　　　　　　　)
　　나: 그럼 꽃씨는 언제 뿌려요?
　　　　꽃씨를 뿌릴 때 저도 도울게요.

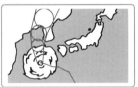

2） 가: (　　　　　　　　　　　　　　　　　　　　　)
　　나: 저번에도 태풍 피해를 입었잖아요.
　　　　이번에는 피해를 입지 않았으면 좋겠어요.

3） 가: 주말에 날씨가 좀 풀린다고 하네요.
　　나: (　　　　　　　　　　　　　　　　　　　　　)
　　가: 좋죠. 유원지의 아이스크림이 먹고 싶네요.

4） 가: 제가 해낼 수 있을까요?
　　나: 너라면 충분히 해낼 수 있을 거야.
　　　　(　　　　　　　　　　　　　　　　　　　　　)

練習 13-7　伝統村に行った日の恵美が書いた文章を読んでみましょう。
またスミンの立場で第 13 課の内容を書いてみましょう。

전통마을에 갔다 왔다. 조선시대 후기의 마을이라고 하던데 현대의 집에 비해 방과 창의 크기가 너무 작아서 놀랐다. 마을로 올라가는 길에 멋진 찻집이 있다고 해서 가 봤는데 진짜 옛날 집에 분위기도 좋고 유자차도 최고였다.

-에 비해 ～に比べて　크기 大きさ　-는 길에 ～する途中で　-다고 해서 ～すると言ったので

제14과 居酒屋

学習目標：「〜しようが」「〜すると」「〜するやいなや」の
表現を学びます。

65 ♪

> 어디를 가든지 도착하자마자 연락해라.　どこに行っても到着したらすぐ連絡しなさい。
>
> 술집을 나오자 비가 오기 시작했다.　居酒屋を出ると雨が降り始めた。

POINT 1　-든(지)　〜しても、〜しようが、〜とか

疑問詞と共に使われるか、対立する二つの事柄を並べる時に用いられます。-든지 -든지は「〜するか〜するか」という意味です。また -든は、-건に置き換えることができます。
（*-건については p.46）

語幹＋든(지)

언제 하든(=하건) 내가 할게.
누가 오든(=오건) 상관없어.
라면을 먹든지 국수를 먹든지 해라.

☞ 名詞につく -든(지) は助詞です。例）뭐든(지)

POINT 2　-자　〜すると、〜するや

時間的な前後関係を表す接続語尾。主に新聞や小説などの書き言葉で使われます。指定詞の語幹につくと「〜であり」「〜であると同時に」という意味になります。後節に勧誘や命令文などが来ることはできません。

動 語幹＋자
指 語幹＋자

막걸리가 나오자 내게 술을 권했다.
사건이 보도되자 큰 문제가 됐다.
삼촌은 교수이자 작곡가이기도 하다.

☞ 名詞につく -(이)자は助詞です(→ p.131)。

POINT 3　-자마자　〜するとすぐに、〜するやいなや

時間的に連続する動作が「ほぼ同時に」続くことを表す接続語尾。-자とは違って、後節に勧誘や命令、未来形などが来ることができます。

動 語幹＋자마자

집에 도착하자마자 전화해라.
회의가 끝나자마자 갈게요.
짐을 내려놓자마자 가져갔다.

練習 14-1　例にならって一つの文にし、日本語に訳しましょう。

例) 삼각형이다 / 사각형이다 / 상관없다
➡ 삼각형이든 사각형이든 상관없어. (三角形でも四角形でも構わないよ)

1) 어디서 살다 / 서로 위하면서 살다
➡

2) 어느 쪽이다 / 결론을 짓다
➡

3) 유행가를 듣다 / 말다 / 마음대로 하다
➡

4) 죽이다 / 살리다 / 알아서 하다
➡

練習 14-2　例にならって一つの文にし、日本語に訳しましょう。

例) 고속도로를 벗어나다 / 비가 그치다
➡ 고속도로를 벗어나자 비가 그쳤다. (高速道路を抜け出すと雨が止んだ)

1) 테이블을 옮기다 / 분위기가 달라지다
➡

2) 윗사람이 들어오다 / 아랫사람들이 자리에서 일어서다
➡

3) 대표님이 자리를 비우다 / 사건이 발생하다
➡

4) 직원이 부탁하다 / 금방 처리해 주겠다고 하다
➡

練習 14-3　-자마자를 用いて文を完成させ、発音してみましょう。♪ 66

例) 가: 국수는 언제 넣어?
　　나: 물이 (끓다 → 끓자마자) 국수를 넣어.

1) 가: 다녀오겠습니다.
　　나: 오사카에 (도착하다 → 　　　　　　　　) 전화해라.

2) 가: 지각할 것 같아요.
　　나: 길을 (건너다 → 　　　　　　　　) 뛰어가야겠다.

3) 가: 또 과제 때문에 밤을 새웠어?
　　나: 그래서 1교시가 (시작되다 → 　　　　　　　　) 잤잖아.

4) 가: 회사에 무슨 일이 있었어?
　　나: 뉴스에 (나오다 → 　　　　　　　　) 정부 관계자한테서 연락이 왔대.

술집

| 会 話 | スミンたちは久しぶりに居酒屋に寄りました。 |

수민 ❶ (자리에 앉**자마자**) 이모! 일단 시원한 막걸리부터 주세요!

영수 ❷ 난 차가운 소주가 마시고 싶은데. 푸른 바다가 보고 싶다.

수민 ❸ 그래? 이모! 우리 막걸리 주문 취소!

❹ 소주 한 병하고 돼지갈비 3인분 주세요.

수민 ❺ (소주가 오**자** 술을 따르고) 자, 건배! 사랑과 우정을 위하여!

❻ 근데 푸른 바다는 또 뭐야? 영수야, 천천히 마셔라. 취하겠다.

영수 ❼ 취하**든지** 말**든지** 상관하지 마.

에미 ❽ 얼마 전에 여자 친구하고 헤어졌대요.

수민 ❾ 금시초문인데. 여친이 지금 한류연구회 회장이지?

영수 ❿ 맞아. 네 잘난 후배. 에미 씨도 거기 회원이죠?

수민 ⓫ 왜 헤어졌는데?

영수 ⓬ 내가 기말 과제 때문에 정신이 없어서 제대로 연락을 못했거든.

⓭ 그랬더니 헤어지재. 나도 자라난 환경이나 집안 분위기도 그렇고,

가치관도 너무 달라서 한계였어.

수민 ⓮ 그래서 아까부터 한숨만 쉬었구나. 힘들었겠다.

에미 ⓯ 인생의 쓴 경험을 해야 어른이 되는 거예요.

영수 ⓰ 그건 그렇고, 너흰 잘되냐?

⓱ 특히 국제결혼은 '산 넘어 산'이라고 하잖아.

⓲ 내가 인생 선배로서 말하는데, 고민이 있으면 뭐든 얘기해라.

수민 ⓳ 얘가 술 취한 모양이네.

에미 ⓴ …… (국제결혼? 누구 얘기지?)

✅ 音読 Check! | 正 | | | |

✅ 発音 Check!
- ❶ 앉자마자[안짜마자]
- ⓫ 헤어졌는데[헤어젼는데]
- ⓬ 못했거든[모탣꺼든]
- ⓭ 그렇고[그러코]

単語と表現 68 ♪

☐ 이모 おばさん（すみません！）	☐ 일단[일딴] いったん、ひとまず
☐ 막걸리[막껄리] マッコリ、にごり酒	☐ 제대로 きちんと、まともに、思い通りに
☐ 소주(燒酒) 焼酎	☐ 특히[트키] 特に
☐ -인분(人分) 〜人前　▶몇 인분[며딘분]	☐ 시원하다 涼しい、爽やかだ
☐ 건배 乾杯	☐ 차갑다〈ㅂ〉冷たい
☐ 우정 準2 友情	☐ 푸르다〈러〉青い
☐ 금시초문(今時初聞) 上級 初耳	☐ 잘나다[잘라다] 偉い、賢い、秀でている
☐ 한류[할류] 韓流	☐ 쓰다〈으〉苦い
☐ 회장 会長	☐ 주문(하) 注文
☐ 후배(⇔선배) 後輩	☐ 취소(取消)(하) 取り消し
☐ 회원 会員	☐ 따르다〈으〉①従う、なつく　②注ぐ
☐ 정신 精神　▶정신이 없다	☐ 취하다(醉-) 酔う
☐ 환경 環境	☐ 말다 途中でやめる、中断する
☐ 가치관 価値観	☐ 상관(하) 関わり、関係、相関　▶상관없다
☐ 한계 準2 限界	☐ 헤어지다 別れる
☐ 한숨 ひと息、ため息、ひと眠り、ひと休み	☐ 자라나다 育つ、成長する
☐ 인생 人生	☐ -를/을 위하여 〜のために
☐ 경험 経験	☐ -재 〜しようって　→p.10
☐ 어른 大人	☐ -구나 〜ねえ、〜なあ　→p.46
☐ 산 넘어 산 上級 一難去ってまた一難	☐ -앗/엇겠다 〜したであろう
☐ 고민(苦悶) 悩み	☐ -(으)로서 〜として（助詞）

1. 영수는 뭘 마시고 싶다고 했나요?

2. 수민이는 결국 뭘 주문했어요?

3. 수민이가 건배할 때 뭐라고 했나요?

4. 영수한테 무슨 일이 있었대요?

5. 에미는 지금 무슨 모임의 회원이래요?

6. 영수는 여자 친구랑 왜 헤어졌대요?

単語力 Up

일(一)	특(特)	회(会)	술-	-관(観)
일반	**특**별	**회**장	**술**집	가치**관**
일부	**특**징	**회**원	**술**자리	교육**관**
일체	**특**성	**회**의	**술**잔	
일생		학**회**		

練習 14-4 「単語力 Up」から適当な単語をすべて選び、発音してみましょう。

1) 그게 바로 유아교육학회의 (　　　　　)이래요.

2) 3시부터 회의가 있으니까 (　　　　　)는/은 참가하래요.

3) 관계자들에게 연구 (　　　　　)에 대해 말씀드렸어요.

4) 술자리에서는 (　　　　　)을 돌리면 안 됩니다.

もっと知りたい！　러変則

이르다(至る)と푸르다(青い)は、語幹に -어で始まる語尾(や補助語幹)がつくと、-어が러に変化します。これを「러変則」といいます。

語尾 原形	「어」が「러」に変化		変化なし	
	-어요	-었-	-ㅂ니다	-고
이르다 至る	이르러요	이르렀어요	이릅니다	이르고
푸르다 青い	푸르러요	푸르렀어요	푸릅니다	푸르고

☞ 이르다(早い)는 르変則用言です。例) 일러요, 일렀어요

練習 14-5) 次の文にふさわしいものを選びましょう。

1) 김 박사는 연락을 (①받자 ②받자마자) 달려오라고 했다.

2) 경쟁자가 (①늘어나자 ②늘어나자마자) 일이 점점 줄어들었다.

3) 난 잠옷으로 (①갈아입자 ②갈아입자마자) 침대에 쓰러져 잤다.

4) 경제가 (①좋아지자 ②좋아지자마자) 생활도 점차 나아졌다.

練習 14-6) 音声を聞いて、内容と一致すれば○を、一致しない場合は×を書きましょう。⁶⁹♪

1a) (　　　) 영수가 먼저 헤어지자고 했다고 한다.

1b) (　　　) 난 무슨 문제로 헤어졌는지 이유를 알고 있다.

2a) (　　　) 며칠 전에 술집에서 열쇠를 잃어버렸다.

2b) (　　　) 친구와 같이 술집에 가서 잃어버린 열쇠를 찾았다.

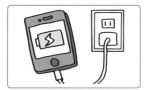

3a) (　　　) 오늘은 깜박 잊고 충전기를 집에 두고 왔다.

3b) (　　　) 학교 앞 카페에 가서 휴대폰을 충전했다.

4a) (　　　) 노트북이 고장났기 때문에 숙제를 못했다.

4b) (　　　) 아빠 말대로 전원을 껐다가 다시 켜 봤지만 잘 안 됐다.

練習 14-7) スミンと会った日に恵美が書いた文章を読んでみましょう。
またスミンの立場で第14課の内容を書いてみましょう。

　　수민 씨랑 영수 씨랑 셋이서 자주 가는 술집에 갔다. 수민 씬 영수 씨가 여자 친구와 헤어진 일은 몰랐던 모양이다. 영수씬 겉으로는 큰소리를 쳤지만, 첫사랑이라서 많이 아파하는 것 같았다. 술을 마시는 도중에 '국제 결혼은 산 넘어 산'이라는 이야기를 하던데 누구 얘기인지 모르겠다.

큰소리를 치다 大口をたたく　　-는 도중에 〜する途中で

漢字語〈2〉

■ **カ・ガ行音＝ㄱ・ㅎ**

例）気温 기온　　　　　歌詞 가사　　　　　価値 가치

　　韓流 한류[할류]　　解決 해결　　　　　興味 흥미

■ **ハ行音・パ行音＝ㅂ・ㅍ**

例）比較 비교　　　　　費用 비용　　　　　雰囲気 분위기

　　判断 판단　　　　　被害 피해　　　　　皮膚 피부

■ **バ行音＝ㅁ**

　　文学 문학　　　　　母音 모음　　　　　舞踊 무용

　　物価 물가　　　　　美女 미녀　　　　　貿易 무역

■ **ナ行音＝ㅇ・ㄴ**

例）人気 인기[인끼]　　年間(년간) → 연간*　　熱(렬) → 열*

　　濃音 농음　　　　　農村 농촌　　　　　能力 능력

*語頭で母音字 ㅑ, ㅕ, ㅛ, ㅠ, ㅖ, ㅣ に先行する「ㄴ/ㄹ」は全て脱落し「ㅇ」になる（頭音法則）。

■ **ラ行音＝ㅇ・ㄴ**

例）利益(리익) → 이익*　　料金(료금) → 요금*　　流行(류행) → 유행*

　　論文 논문　　　　　労働 노동　　　　　楽観 낙관

練習　日本語の意味を考えてみましょう。

① 가격　　　　　② 개별　　　　　③ 과학

④ 현금　　　　　⑤ 훈련　　　　　⑥ 화장품

⑦ 박사　　　　　⑧ 반장　　　　　⑨ 발생

⑩ 일기　　　　　⑪ 인정　　　　　⑫ 농업

⑬ 노인　　　　　⑭ 노동　　　　　⑮ 녹음

⑯ 이익　　　　　⑰ 연애　　　　　⑱ 영수증

p.81 模擬テスト④の解答

1. 1) ②　2) ①　3) ④　4) ①　　2. 1) ③　2) ②　3) ①　4) ④

ハングル能力検定試験3級模擬テスト⑤

〈漢字語の読み方〉

1. 下線部の漢字のハングル表記が違うものを①～④の中から1つ選びなさい。

1) (　　　)　　①中級　　　②法規　　　③有給　　　④特急

2) (　　　)　　①課長　　　②故障　　　③人情　　　④劇場

3) (　　　)　　①歌詞　　　②価格　　　③参加　　　④解決

4) (　　　)　　①時期　　　②名詞　　　③社長　　　④事物

5) (　　　)　　①監督　　　②独立　　　③読者　　　④道路

〈対話文〉

2. 対話文を完成させるのに適切なものを①～③の中から1つ選びなさい。

1) 가: (　　　　　　　　　　)

나: 어제 저녁 무렵부터 목이 아프고 열도 나서요.

① 어디서 만나죠?

② 어디 편찮으세요?

③ 왜 싸웠어요?

2) 가: 오늘은 점심 안 드시러 가세요?

나: (　　　　　　　　　　)

① 먹을 일이 없어서요.

② 점심 시간이 모자라서요.

③ 밥 생각이 없어서요.

3) 가: 내일 시간이 되면 술 한 잔 할래요?

나: (　　　　　　　　　　)

① 아무 일도 없어요.

② 무슨 좋은 일이 있어요?

③ 아무도 못 만나요.

☞解答は、p.123。

学習目標：「～するだけではなく」「～しながら / ～して」「～するはずがない」の表現を学びます。

---

70 🎵

잘생겼을 뿐 아니라 인정도 많다.	かっこういいだけではなく人情深い。
거짓말을 하며 먼저 갈 리가 없다.	うそをついて先に帰るはずがない。

 POINT 1　-ㄹ/을 뿐(만) 아니라　～するだけではなく （添加）

ある事実に加えて他の状況もあることを表す慣用表現。（*ㄹ語幹はㄹが落ちて -ㄹ 뿐(만) 아니라がつく）

母音語幹＋ㄹ 뿐(만) 아니라	노래를 잘할 뿐 아니라 춤도 잘 춘다.
ㄹ語幹＋ㄹ 뿐(만) 아니라	광고가 늘 뿐만 아니라 수입도 늘 거야.*
子音語幹＋을 뿐(만) 아니라	성격이 좋을 뿐 아니라 착하다고 한다.

☞ -ㄹ/을 뿐이다(～するだけだ)も合わせて覚えておくと便利です。
　例）내 일을 할 뿐이다. 私の仕事をするだけだ。

 POINT 2　-(으)며　① ～しながら（同時）　② ～して、～するし（並列）

同時を表す場合は -(으)면서(→ p.26)に、並列を表す場合は -고に置き換えることができます。主に書き言葉で使われます。

母音語幹＋며	아이를 키우며 일을 계속했다.
ㄹ語幹＋며	오사카에 살며 후배를 위해 힘썼다.
子音語幹＋으며	싸고 맛있으며 분위기가 좋은 식당.

☞ 話し言葉では -(으)면서が、書き言葉では -(으)며が好んで使われます。
　例）아이를 키우면서 일을 계속했어.

 POINT 3　-ㄹ/을 리(가) 없다　～するはずがない （確信）

話し手の確信などを表す慣用表現。-았/었을 리가 없다は「～したはずがない」という意味です。（*ㄹ語幹はㄹが落ちて -ㄹ 리(가) 없다がつく）

母音語幹＋ㄹ 리(가) 없다	남동생이 그냥 지나칠 리가 없는데.
ㄹ語幹＋ㄹ 리(가) 없다	이상하네. 부담이 줄 리가 없을 텐데.*
子音語幹＋을 리(가) 없다	착한 딸이 그리 말했을 리 없어.

☞ -ㄹ/을 리가 있다も同じ意味ですが、反語として用いられるのが特徴です。
　例）그럴 리가 있어? (=그럴 리가 없다)

練習 15-1　例にならって一つの文にし、日本語に訳しましょう。

例）인물이 훌륭하다 / 능력도 있다
➡ 인물이 훌륭할 뿐 아니라 능력도 있대. (人柄が立派なだけではなく能力もあるって)

1) 주인집 아주머니가 인상이 좋다 / 친절하다
➡

2) 그 회사는 경영 상태가 좋다 / 일하기도 편하다
➡

3) 시장님과는 연락을 주고받다 / 가끔 만나기도 하다
➡

4) 팀장이 실수를 감췄다 / 거짓말까지 하다
➡

練習 15-2　-(으)며を用いて文を完成させ、日本語に訳しましょう。

例）뒤를 돌아보지 않고 앞만 (보다 → 보며) 살아 왔다.
➡ 後ろを振り向かず前だけ見て生きてきた。

1) 무대 아래서 박수를 (치다 → 　　　　　　　　) 말없이 웃고 있었다.
➡

2) 단순한 일을 복잡하게 한다고 (생각하다 → 　　　　　　) 그냥 지나쳤다.
➡

3) 창밖으로 손을 (흔들다 → 　　　　　　) 웃음을 짓던 모습이 떠오른다.
➡

4) 앞바다에서 지는 해를 (바라보다 → 　　　　　　) 떠나간 그를 생각했다.
➡

練習 15-3　-ㄹ/을 리가 없는데を用いて文を完成させ、発音してみましょう。♪ 71

例）가: 책장에서 '전쟁과 평화'라는 비디오 못 봤어?
나: 거기 없어? (없다 → 없을 리가 없는데).

1) 가: 출근은 10시, 퇴근은 마음대로래.
나: 잘못 들었겠지. (그러다 → 　　　　　　　　).

2) 가: 경험이 많은 기술자를 구한대.
나: 정말? 새로 직원을 (뽑다 → 　　　　　　).

3) 가: 보고서 형식이 같다고 하지 않았어?
나: 무슨 문제가 있어? 형식이 (다르다 → 　　　　　).

4) 가: 편지 봉투, 분명히 여기에 있었는데.
나: 있을 텐데. 다른 사람이 (없앴다 → 　　　　　　　).

일기<1>

❶ 11월 26일, 비가 오다가 갬.

　세월이 참 빠르다. 에미를 알고 지낸 지도 어느새 3년이 지났다. 에미는 귀국 일정을 한 달 연기했다고 한다. 그래도 남은 기간은 두 달 정도밖에 없다. 에미는 알면 알수록 정이 많고 성격도 좋을 **뿐만 아니라** 마음씨가 정말 고운 사람 같다. 오래오래 곁에서 지켜보고 싶은 사람이다. 밤하늘의 별들이 아름다운 밤이다.

❷ 11월 30일, 첫눈이 내림.

　새벽까지 이런저런 생각에 한잠도 못 잤다. 아침에 깜빡 잠이 들었다가 깨어나니 10시였다. 군대 문제가 하루빨리 해결돼야 할 텐데. 아무래도 먼저 군대에 갔다 와서 취직 활동을 하**며** 자격증을 준비하는 게 나을 것 같다. 가끔 작년에 제주도에 놀러 갔던 일이 생각난다. 그때 에미에게 사귀어 보자고 했으면 어땠을까 하는 생각이 든다. 영수에게 상의하니 둘이 사귀는 게 아니었냐며 나를 놀렸다. 며칠 전에 술집에서 영수가 이상한 말을 해서 혹시 에미가 오해를 하지 않았을까 걱정이다.

❸ 12월 5일, 맑음.

　길거리를 걸으**며** 이제 올해도 한 달밖에 남지 않았음을 실감했다. 오늘은 왠지 마음이 쓸쓸하다. 계절 탓인가? 에미에게 용기를 내서 좋아하게 됐다고, 사귀어 보자고 남자답게 말해야겠다. 편지를 쓸까? 만약 에미가 따로 좋아하는 사람이 있다고 거절하면 어떡하지? 아니, 그럴 **리는 없**을 것이다.

☑ 音読 Check!　　| 正 | | | |

☑ 発音 Check!
❶ 알수록[알쑤록]　많고[만코]
❷ 못 잤다[몯짣따]
❸ 어떡하지[어떠카지]

単語と表現 ♪ 73

- □ 세월 歳月
- □ 귀국 帰国
- □ 일정[일쩡] 準2 日程、スケジュール
- □ 기간 期間
- □ 정 情 ▸정이 들다, 정이 떨어지다
- □ 성격[성껵] 性格
- □ 마음씨 心、気立て
- □ 곁 そば、脇
- □ 첫눈[천눈] 初雪
- □ 새벽 暁、未明、夜明け
- □ 이런저런 あれこれ、そんなこんな
- □ 한잠 熟睡、ひと眠り ▸한잠 자다
- □ 군대 軍隊
- □ 취직 활동[활똥] 就職活動
- □ 자격증[자격쯩] 資格証、ライセンス
- □ 오해 準2 誤解
- □ 길거리[길꺼리] 街
- □ 실감 準2 実感
- □ 계절 季節 ▸사계절
- □ 탓 準2 ～のせい
- □ 용기 勇気 ▸용기를 내다

- □ 어느새 いつの間にか
- □ 그래도 それでも、でも
- □ 오래오래 末長く、長い間
- □ 깜빡(=깜박) うっかり、ちらっと
- □ 하루빨리 準2 一日も早く
- □ 가끔(씩) 時折、時たま
- □ 왠지 なぜだか
- □ 만약(万若) 万が一、もしも
- □ 따로 別に、他に
- □ 곱다〈ㅂ〉 美しい、きれいだ
- □ 쓸쓸하다 準2 さびしい
- □ 남자답다 男らしい ▸-답다 → p.114
- □ 개다 晴れる
- □ 연기(하) 延期
- □ 지켜보다 見守る
- □ 깨어나다 覚める
- □ 해결(하, 되) 解決
- □ 상의(相議)(하) 上級 相談
- □ 놀리다 準2 からかう
- □ 거절(하) 断る、拒絶
- □ 어떡하다[어떠카다] どうする

読解力・聞き取り力 Check!

1. 수민과 에미는 만난 지 몇 년째인가요?

2. 에미는 언제 일본에 돌아가나요?

3. 수민이는 에미가 어떤 사람이라고 생각하나요?

4. 첫눈이 내린 날, 수민이는 몇 시에 일어났나요?

5. 수민이는 군대에 갔다 왔나요?

6. 수민이는 에미에게 편지를 보냈나요?

↗ 単語力 Up ↗

일(日)	기(期)	감(感)	한-	첫-
일기(예보)	**기간**	**감동**	**한편**	**첫**사랑
일기	**기대**	**감상**(문)	**한때**	**첫**날
일과		**감정**(적)	**한동안**	**첫**째
				첫눈

練習 15-4 「単語力 Up」から適当な単語をすべて選び、発音してみましょう。

1) 오늘 (   )를 들었는데 비가 오다가 오후부터 점차 갠대요.

2) 한동안 일과를 (   )에 자세히 적은 적이 있어요.

3) 유럽 여행의 감상문을 너무 (   )으로 쓴 것 같아요.

4) 한편, 강의 (   )은 아주 감동했는데 둘째 날은 재미없었다.

もっと知りたい！ -답다

-답다(〜らしい)は、一部の名詞について形容詞を作る接尾辞です。

□ 정 + 답다　→ 정답다　　　　　□ 여자 + 답다 → 여자답다

□ 인간 + 답다 → 인간답다　　　　□ 학생 + 답다 → 학생답다

また、-답게(〜らしく)は、ほとんどの名詞につくことができます。

例）신제품답게 기능도 좋았다.

　　나는 나답게 살고 싶다.

練習 15-5 　次の文にふさわしいものを選びましょう。

1） 한국어능력시험을 (①준비하고 ②준비하며) 집중적으로 문법을 공부했다.

2） 영화 감상문을 (①쓰고 ②쓰며) 인상에 남는 배우의 대사를 적었다.

3） 욕실 바닥을 깨끗하게 (①닦고 ②닦으며) 물을 가득 채우는 게 일과다.

4） 군대에서 훈련을 (①받고 ②받으며) 일기를 쓰는 습관이 들었다.

練習 15-6 　音声を聞いて、（　　　）の内容を書き入れてみましょう。 74 ♪

1） 가: 손발이 맞아야 일을 하지.
　　나: 손발이 맞는다는 무슨 뜻인가요?
　　가: (　　　　　　　　　　　　　　　　　)

2） 가: 큰일을 맡으셔서 어깨가 무겁겠습니다.
　　나: 어깨가 무겁다는 어깨가 아프다는 뜻인가요?
　　가: (　　　　　　　　　　　　　　　　　)

3） 가: 하나같이 다 반대만 하네요.
　　나: 하나같이는 무슨 뜻인가요? 한 명인가요?
　　가: (　　　　　　　　　　　　　　　　　)

4） 가: 우는 소리는 그만 하고 빨리 일이나 해.
　　나: 우는 소리는 진짜 우는 소리가 아니죠?
　　가: (　　　　　　　　　　　　　　　　　)

練習 15-7 　韓国語で言ってみましょう。

1） 交通が不便なだけでなく空気も悪くて、引越しをしようと思っています。

2） あの先輩が、公務員試験に落ちるはずがありません。

3） 10 年間、貿易会社で働きながら少しずつ小説を書いてきた。

4） これから助け合いながら幸せに暮らしていきたいと言っていましたよ。

 제16과 日記〈2〉

学習目標：「(あたかも)〜かのように」「〜することができる/できない」「〜させる」の表現を学びます。

♪75
| 영어를 할 줄 모르는 듯 가만히 있었다. | 英語ができないかのようにじっとしていた。 |
| 통역을 하게 해 달라고 부탁했다. | 通訳をさせてくれと頼んだ。 |

 POINT 1 連体形＋듯(이) (あたかも)〜かのように、〜しそうに

連体形について、状況や様子などの説明に用いる慣用表現。–듯이のりは省略することができます。

連体形＋듯(이)

그는 이웃집 언니를 잘 아는 듯이 말했다.
그녀는 부끄러운 듯이 웃었다.
아이는 선물을 받고 뛸 듯이 기뻐했다.

☞ 語幹＋듯(이) は、「〜ように」という類似を表す接続語尾です。
例) 물 쓰듯 돈을 쓰면 안 된다.

 POINT 2 –ㄹ/을 줄 알다/모르다 〜することができる/できない (能力・方法)

動詞の語幹について能力や方法を表す慣用表現。主に学習や訓練などを伴う時に用います。(*ㄹ語幹は ㄹが落ちて –ㄹ 줄 알다/모르다がつく)

| 母音語幹＋ㄹ 줄 알다/모르다 |
| ㄹ語幹＋ㄹ 줄 알다/모르다 |
| 子音語幹＋을 줄 알다/모르다 |

처음이라서 땅을 팔 줄 몰라요.
김치찌개를 만들 줄 아세요?*
이 한자는 읽을 줄 알아요.

☞ –ㄹ/을 줄 알다は –ㄹ/을 수가 있다に置き換えることができますが、可能性を表す場合は置き換えることができません。
例) 한국말을 할 수 있어요? (○)　　한국말을 할 줄 알아요? (○)
　　내일 일찍 올 수 있어요? (○)　　내일 일찍 올 줄 알아요? (×)

 POINT 3 –게 하다 〜させる (使役)

動詞について使役を表す慣用表現。形容詞につくと「〜に/くする」という意味です。

語幹＋게 하다

여기서 살게 해 주세요.
잡지에 싣게 해 주시면 고맙겠습니다.
나를 슬프게 하지 마세요.

☞ 공부하다のような「하다動詞」は시키다(させる)を使って使役を表現します。
例) 공부시켜야 한다.

練習 16-1 　連体形＋듯이を用いて文を完成させ、日本語に訳しましょう。

例) 동료는 (아쉽다 → 아쉬운 듯이) 몇 번이나 뒤를 돌아보았다.
➡ 同僚は名残惜しそうに何回も振り向いていた。

1) 큰딸은 자신이 (없다 → 　　　　　　　　　) 작은 목소리로 대답했다.
➡

2) 참가한 사람들은 (흥미롭다 → 　　　　　　　) 이쪽을 쳐다보았다.
➡

3) 그 선배는 마치 자기가 (애인이다 → 　　　　　　　) 행동했다.
➡

4) 아빠는 (만족스럽다 → 　　　　　　　) 웃어 보였다.
➡

練習 16-2 　-ㄹ/을 줄 모르다を用いて文を完成させ、発音してみましょう。76 ♪

例) 가: 공놀이를 할까요?
　　나: 전 공을 (던지다 → 던질 줄 몰라요).

1) 가: 아이를 때리면 안 됩니다.
　　나: 무슨 말이에요. 저는 아이를 (때리다 → 　　　　　　).

2) 가: 아드님에게도 한 잔 주시죠.
　　나: 우리 아들은 아직 술을 (마시다 → 　　　　　　).

3) 가: 지금까지 앞만 보고 달려왔어요.
　　나: 저도 뒤를 (돌아보다 → 　　　　　　) 사람이었어요.

4) 가: 사모님이 찾아와서 막 화를 내셨어요.
　　나: 집사람이 (표현하다 → 　　　　　　) 그런 거니까 이해해요.

練習 16-3 　-게 하다を用いて文を完成させ、日本語に訳しましょう。

例) 내후년에 유학을 (가다 → 가게 해 주세요).
➡ 再来年留学に行かせてください。

1) 옛 친구가 놀러 오면 사흘만 (묵다 → 　　　　　　).
➡

2) 이 일을 오늘까지 처리하면 내일은 (쉬다 → 　　　　　　).
➡

3) 재산은 인류의 평화를 위해서 (쓰다 → 　　　　　　).
➡

4) 식물의 씨도 (수입할 수 있다 → 　　　　　　).
➡

일기〈2〉

❶ 11월 25일, 하루 종일 흐림.

엄마는 내가 공무원이나 교사 같은 안정적인 직업을 갖기를 원하신다. 하지만 현재 그리 될 가능성은 거의 없다. 나는 번역가나 극작가가 되고 싶으니까 그와 관련된 전문적인 공부를 하고 싶다. 또 사회학에도 관심이 많아서 취직보다는 대학원에 갈까 한다. 일본에 돌아가면 우선 운전할 **줄 모르**니까 운전면허부터 따고, 종합정보센터에 가서 대학원에 관한 정보도 알아봐야겠다.

❷ 11월 30일, 기온이 -10도까지 떨어짐.

오늘 호주에서 온 반 친구와 둘이서 한국의 절과 서양의 인사에 대해 각각 조사해서 발표를 했다. 다들 흥미로운 **듯이** 집중해서 들어 주었다. 다른 친구들은 한국의 민족주의와 제3세계의 독립 문제와 같은 어려운 주제에 대해 발표했다. 나는 너무 긴장한 탓인지 떨려서 글씨가 잘 안 보였다. 수업을 마치고 서둘러 집에 와서 한숨 잤다. 된장국을 끓여서 저녁을 먹고 제16과 118쪽까지 복습한 뒤 본문을 여러 번 읽었다.

❸ 12월 6일, 유리창 너머로 둥근 달이 뜸.

의논할 일이 있어서 수민 씨에게 막 전화를 하려는데, 수민 씨한테서 카톡이 왔다. 할 말이 있으니 내일 학교 앞 카페에서 보자고 했다. 수민 씨는 때때로 사람을 **놀라게 하**는데, 무슨 일이지? 갑자기 수민 씨의 커다란 눈이 생각나서 웃음이 났다.

☑ 音読 Check!

正			

☑ 発音 Check!
- ❶ 운전할 줄[운전할쭐]
- ❸ 무슨 일이지[무슨닐이지]

単語と表現 🎵 78

□ 공무원 公務員	□ 그리② そのように、そちらへ
□ 현재 現在	□ 서둘러 急いで ▶서두르다
□ 가능성[가능썽] 可能性	□ 너머(로) 向こう側、〜越しに
□ 전문 専門 ▶전문적, 전문가	□ 막③ 今しがた、まさに 막② やたらに
□ 종합 総合 ▶종합적	□ 때때로 時々、たまに ▶때로
□ 정보센터 情報センター ▶정보화	□ 제- 第〜 ▶제16과
□ 기온 気温	□ -쪽 ページ ▶교재 118쪽
□ 호주(濠州) オーストラリア	□ 둥글다 準2 丸い
□ 반 班、クラス ▶반장	□ 커다랗다〈ㅎ〉 非常に大きい
□ 각각[각깍](各各) 各々、それぞれ ▶각자	□ 안정(하, 되) 準2 安定 ▶안정적
□ 절 お辞儀、会釈	□ 관련(하, 되) 関連
□ 서양 西洋	□ 운전(하) 運転 ▶운전면허
□ 민족주의[민족쭈이] 民族主義 ▶민주주의	□ 따다 摘む、得る、(資格などを)取る、獲得する
□ 세계 世界	□ 집중(하) 集中 ▶집중력
□ 독립[동닙] 独立	□ 긴장(하) 緊張
□ 주제 主題、テーマ(테마)	□ 떨리다 震える、揺れる
□ 글씨 文字	□ 뜨다〈으〉 浮かぶ、昇る ▶달이 뜨다
□ 한숨 ひと息、ため息、ひと眠り、ひと休み	□ 의논(議論)(하) 相談、話し合い
□ 된장 みそ ▶된장국	□ 웃음이 나다 笑みがこぼれる
□ 본문 本文	□ -기(를) 원하다 〜することを願う / 望む
□ 유리 ガラス ▶유리창	□ -보다는 〜よりは（助詞）

1. 에미 어머니는 에미가 어떤 직업을 갖기를 원하나요?

2. 에미는 뭐가 되고 싶대요?

3. 에미는 일본에 돌아가면 맨 먼저 뭘 한대요?

4. 에미는 학급에서 뭐에 대해 발표를 했나요?

5. 발표를 한 날, 에미는 집에 와서 무엇을 했나요?

6. 수민이는 에미에게 뭐라고 문자를 보냈나요?

↗単語力 Up ↗

현(現)②	주(主)	교(教)	자(自)	원(員)
현대	**주**요	**교**육	**자**신	직**원**
현실	**주**인	**교**재	**자**연	위**원**
현상	**주**장	**교**회	**자**유	사**원**
			자체(적)	교직**원**

練習 16-4 「単語力 Up」から適当な単語をすべて選び、発音してみましょう。

1) 이 교재가 한국어 (　　　　　　　)에 꼭 필요하다고 하네요.

2) 교재 선택은 교직원들의 (　　　　　)래요.

3) 호주의 (　　　　　)에서는 자체적으로 한국어를 가르치고 있대요.

4) 현실적으로 (　　　　　)들이 한국어를 배울 기회가 많지는 않아요.

もっと知りたい！ 使役動詞

一部の用言に「이・히・리・기・우・추」のつく使役動詞（*は３級レベルです）。

□ 죽다 / 죽**이**다* 殺す、死なせる 　□ 먹다 / 먹**이**다 食べさせる

□ 입다 / 입**히**다 着させる 　□ 밝다 / 밝**히**다* 明らかにする、明かす

□ 울다 / 울**리**다* 泣かせる 　□ 살다 / 살**리**다* 生かす

□ 웃다 / 웃**기**다 笑わせる 　□ 맞다 / 맞**추**다 合わせる

□ 타다 / 태**우**다* 乗せる

練習 16-5 下の語句を用いて、会話の練習をしてみましょう。

한국어로 편지를 쓰다	운전하다	배로 숨을 쉬다
한국 소주를 마시다	태권도를 하다	피아노를 치다
사진 앨범을 만들다	포스터를 그리다	기계를 고치다

 한국어로 편지를 쓸 줄 알아요?

 쓸 줄 몰라요. 왜요?

 쓸 줄 알면 물어볼 게 있어서요.

練習 16-6 音声を聞いて、内容と一致すれば○を、一致しない場合は×を書きましょう。79 ♪

1a) (　　　) 두 사람씩 짝을 지어 회화 연습을 했다.

1b) (　　　) 한 학생이 짝이 없어서 연습을 못했다.

2a) (　　　) '때를 놓치다'는 말은 일본어와 의미가 같다.

2b) (　　　) 타이밍을 놓쳐서는 안 된다고 하기도 한다.

3a) (　　　) 위에서 두번 째 단어에 밑줄을 치라고 했다.

3b) (　　　) 중요한 표현이라서 시험에 나올지 모른다.

4a) (　　　) 여동생은 배가 고파서 울고 있다.

4b) (　　　) 오빠는 과자를 여동생과 나눠 먹었다.

練習 16-7 韓国語で言ってみましょう。

1) 子どもにご飯を食べさせて、服を着替えさせるのに時間がかかった。

2) 自分の感情をうまく表現できなくて、誤解されることがしばしばあります。

3) 韓国の寺と教会に関する研究を続けさせてください。

4) 参加者たちは、うらやましそうにこちらを眺めていた。

慣用句（3級）〈2〉

ㄱ

☐ 가만히 있다 　　　（何もせず）じっとしている

☐ 가면을 벗다 　　　仮面を脱ぐ、正体を現す

☐ 가면을 쓰다 　　　仮面をかぶる、正体を隠す

☐ 값이 나가다 　　　　　　　　価値が高い

☐ 거 봐(요) 　　　　　　　　ほら、見てみろ

☐ 거리가 멀다 　　　　　ほど遠い、縁がない

☐ 계산이 밝다 　　　　　　　　　計算高い

☐ 그릇이 작다/크다 　器量が小さい / 大きい

☐ 꽃을 피우다 　①盛り上がる　②有名になる

☐ 꿈만 같다 　　　　　　　　　夢のようだ

☐ 꿈을 꾸다 　　　　　　夢を見る、夢を追う

ㄴ

☐ 남의 말을 하다 　人の噂をする、陰口を叩く

☐ 내일모레다 　　　　　　　　　もうすぐだ

☐ 눈치가 보이다 　　　　　　人目が気になる

☐ 눈치가 빠르다 　　　　　　　　気が利く

☐ 눈치가 없다 　　　勘が鈍い、気が利かない

☐ 눈치를 보다 　　　　　　　顔色をうかがう

ㄷ

☐ 다리를 놓다 　　　　　　　橋渡しをする

☐ 대책이 안 서다 　　　　　　なす術がない

☐ 두말말고 　　　　　　つべこべ言わずに

☐ 둘도 없다 　　　大変貴重だ、二つとない

☐ 때를 놓치다 　　　　　　チャンスを逃す

ㅁ

☐ 마음에 걸리다 　　　　　　　気にかかる

☐ 마음을 놓다 　　　安心する、気を緩める

☐ 마음/신경을 쓰다 　　　　　　気を遣う

☐ 마음이 가다 　　　　　　　心が引かれる

☐ 마음이 급하다 　　　　　　　気持ちが焦る

☐ 말도 안 되다 　　　　　　　話にならない

☐ 말이 많다 　　　文句が多い、理屈っぽい

☐ 물을 내리다 　　　　　（トイレで)水を流す

ㅂ

☐ 밤낮없이 　　　　　いつも、昼夜を問わず

☐ 밤낮이 따로 없다 　　　　　昼夜を問わない

☐ 밥(아침/점심/저녁)을 사다 　（食事を)おごる

☐ 비행기를 태우다 　　おだてる、お世辞を言う

ㅅ

☐ 사람을 만들다 　　　　　人を一人前にする

☐ 생각이 없다 　　　　　　　　分別がない

☐ 생각이 짧다 　　　　　　　　考えが甘い

☐ 선을 넘다 　　　　　　　　一線を越える

☐ 속이 깊다 　　思慮深い、心が広い、懐が深い

☐ 속이 좁다 　　　　　　　　器量が狭い

☐ 숟가락을 들다 　　　　　　　食事をする

ㅇ

☐ 엊그제 같다 　　　つい最近のことのようだ

☐ 열을 내다 　　　　かっとなる、腹を立てる

☐ 우는소리 하다 　泣き事を言う、愚痴をこぼす

ㅈ

☐ 정신을 차리다 　　我に返る、気を取り戻す

☐ 정신을 팔다 　　　気を散らす、我を忘れる

☐ 정신이 나가다 　　　　　　　ぼうっとする

☐ 정신이 들다 　　　　　　意識を取り戻す

☐ 정신이 없다 　　気が気でない、無我夢中だ

そのほか

☐ 큰소리를 치다 　　　　　　大きな口を叩く

☐ 펜을 놓다 　　　　　　　　　ペンを折る

☐ 피부로 느끼다 　　　肌で感じる、経験する

☐ 하늘과 땅 차이 　　　　　　　　雲泥の差

☐ 해가 뜨다 　　　　　　　　　　日が昇る

☐ 해가 지다 　　　　日が沈む、日が暮れる

☐ 힘을 기르다 　　　力をつける、力を養う

☐ 힘을 주다 　　　　　　　　　　強調する

🐤 **変則用言のまとめ**

変則＼語尾	「아/어」系語尾			「으」系語尾		
	해体	해요体	過去形	仮定	未来連体形	尊敬해요体
ㅅ変則 낫다 治る	나아	나아요	나았어요	나으면	나을	나으세요
ㄷ変則 듣다 聞く	들어	들어요	들었어요	들으면	들을	들으세요
ㅂ変則 춥다 寒い	추워	추워요	추웠어요	추우면	추울	추우세요
ㅎ変則 그렇다 そうだ	그래	그래요	그랬어요	그러면	그럴	그러세요
으変則 바쁘다 忙しい	바빠서	바빠요	바빴어요	正則		
르変則 바르다 塗る	발라	발라요	발랐어요			
러変則 이르다 至る	이르러	이르러요	이르렀어요			
어変則 그러다 そう言う	그래	그래요	그랬어요			

注意点！

「ㅅ変則」：母音の縮約はしない。例）나아요(○), 나요(×)

　　　　　★씻다, 웃다, 벗다などは正則用言

「ㄷ変則」：★받다, 주고받다, 얻다, 믿다などは正則用言

「ㅂ変則」：–아/어がつくと워になるが、돕다・곱다だけは와となる。

　　　　　例）돕다 → 도와, 도와요, 도왔어요, 도우면, 도울, 도우세요

　　　　　★좁다, 입다, 잡다などは正則用言

「ㅎ変則」：例）하얗다 → 하얘, 하얘요, 하얬어요, 하야면, 하얄, 하야세요

「으変則」：ㅡの前の母音が陽母音か陰母音かによって아か어かが決まる。

　　　　　ただし、쓰다のように一音節場合は必ず어をつける。

　　　　　例）쓰다 → 써, 써요, 썼어요

　　　　　★따르다, 들르다, 치르다는으変則用言

「어変則」：이러다, 그러다, 저러다, 어쩌다のみ。

p.109 模擬テスト⑤の解答

1. 1) ② 2) ③ 3) ④ 4) ① 5) ④ 　2. 1) ② 2) ③ 3) ②

・3級語彙リストを中心に整理しました。韓国では旧字体が使われていますが、ここでは新字体で表記しています。

・読み方が二つある場合：

①ヤ行（ㅑ ㅕ ㅛ ㅠ ㅖ）や ㅣ母音字と結合する場合、語中では前の文字（녀・리など）を読み、語頭では後ろの文字（여・이など）を読みます。例）男女 남녀　女子 여자　料理 요리　理念 이념

②ヤ行や ㅣ母音字以外と結合する場合、語中では前の文字（락・로など）を読み、語頭では後ろの文字（낙・노など）を読みます。例）苦楽 고락　楽園 낙원　敬老 경로　老人 노인

가	歌 街 価 可 仮				군	軍				독	独 読 督			
	家 暇 加				권	権 勧 券				동	動 同 洞 働			
각	各 角 刻				귀	帰				득	得			
간	簡 干 間 看				규	規				등	登 等			
감	感 監				균	均				락/낙	楽			
강	講 強 康				극	劇 極				란/난	卵			
개	開 個 概				근	根 勤 近				량/양	量			
객	客				금	今 金 禁				래/내	来			
거	距 拒 挙 拠 去				급	急 級				랭/냉	令			
건	健 件				기	気 機 記 企 基				려/여	旅 慮			
검	検					期 技 器 紀				력/역	歴 力			
격	撃 格				긴	緊				련/연	連 練			
견	見				남	男				렬/열	列			
결	結 欠 決				내	内				령/영	領 令 齢			
경	競 警 景 傾 経				녀/여	女				례/예	例			
	境 競 更				년/연	年				로/노	労 老 路			
계	鶏 計 季 界 係				념	念				록/녹	録 緑			
	階 械				농	農				론/논	論			
고	高 考 姑 苦 故				능	能				롱/농	弄			
	告 庫				다	茶 多				료/요	料 療 僚			
곡	曲				단	単 短 段 団 断				류/유	流 留 類			
공	空 共 公 工 功					旦				률/율	律 率			
	供				달	達				리/이	里 理 利 離			
과	課 過 科 果				담	担				립/입	立			
관	関 観 管 冠 館				답	答				막	幕			
	慣				당	当				만	万 満 漫			
광	広 光				대	大 代 対 隊 待				망	望 亡			
교	教 交 較 校 僑					台				매	買 売			
구	救 具 求 口 区				덕	徳				면	面 免			
	球 究				도	道 到 逃 度 図				명	名 明 命			
국	国 局					都 途 島				모	母 模			

목	沐 目
무	無 武 舞 貿 務
문	文 聞 問 門
물	物 勿
미	未 微 美 味 尾
민	民 悶
밀	蜜
박	博 拍 泊
반	反 般 半 班
발	発
방	放 方 房 妨
배	倍 背 排 配 輩
백	百
범	範
법	法
변	変 辺
별	別
병	瓶
보	宝 保 報 補
복	福 複 復 服
본	本
봉	封
부	父 夫 婦 部 副 / 不 否 府 富 膚 / 腐 負
분	分 雰
불	仏 不
비	非 悲 比 秘 費 / 批
사	事 使 社 四 詞 / 師 査 士 射
산	産 算 山
상	想 相 箱 傷 状 / 商 象 像 上 常
색	色
생	生
서	書 西 序
석	席 析
선	線 選 先 宣

설	設
성	性 姓 成
세	世 洗 勢 歳 税
소	少 所 消 笑 焼
속	速 属
송	送
손	孫
솔	率
수	数 手 水 修 輸 / 粋 収 受
숙	宿
순	瞬 順 純
술	術
습	習
시	詩 時 市 施 試 / 示 視
식	食 植 式 息 識
신	神 新 身 信
실	失 実 室
심	深 心
아	児
악	悪 楽 握
안	案 安
암	暗
앙	央
애	愛
야	野
약	若 薬 約
양	洋 陽 様
어	語
억	億
언	言
업	業
여	余
역	役 易 域 訳
연	研 演 然 恋 煙 / 延
열	熱
영	営 泳 迎

예	予 芸 預
온	温
완	完
왕	王 往
외	外
요	要
욕	浴
용	勇 用 踊 容
우	遇 宇 郵 右 優
운	運
원	元 原 院 願 員 / 園 源
위	違 委 位 危 囲 / 為
유	有 遊 維 幼 裕 / 由
육	育
은	銀
음	飲 音
응	応
의	意 儀 疑 議
이	以 移
익	益
인	人 印 認 因
일	一 日
임	任 賃
입	入 立
자	資 自 資 姿 子 / 者 字
작	作 昨
장	場 粧 長 醤 障 / 蔵 臓 張 状 帳
잡	雑
재	材 財 再 裁 在
쟁	争
저	貯 低 底
적	積 績 的 摘 適
전	全 前 電 戦 伝 / 転 展 専

점	店 点
접	接
절	切 絶 節
정	情 停 整 政 正 庭 程 定 精
제	提 題 際 除 製 済 祭
조	調 助 組 条 操
족	足 族
존	存
종	種 宗 総 終
좌	左 座
주	主 注 住 周 宙 週 酒 奏
준	準
중	中 衆 重 中
증	証
지	地 支 指 知 紙 志 止 持
직	織 直
진	真 進
질	質 秩
집	集
징	徴
차	車 茶 差 次
참	参
찰	察
창	窓
처	処
책	責 策
처	処
척	戚 隻
천	千 践 泉
철	撤
청	青 清
체	体 切
초	初 礎 酢 草
최	最
추	追

축	祝
출	出
충	衝 充
취	取 酔
측	側
층	層
치	治 値 致 置 稚 歯
칙	則
친	親
침	寝
탁	濯 卓
탕	湯
태	態 太 泰 台
택	択 宅
토	討
통	統 通 痛 筒 桶
퇴	退
투	筒
특	特
파	波
판	販 判
패	敗
편	便
평	評 平
폐	閉
포	包 胞
폭	幅
표	票 表 標
품	品
풍	豊
피	疲 皮 避 被
학	学
한	限 韓
할	割
함	含
항	港
합	合
해	害 解

행	行 幸
험	験 険
향	向
현	現
형	兄 形 型
호	護 号
화	和 話 画 火 化
확	確
환	患 環 歓
활	活
황	況
회	会
효	効
후	後
후	後 候
훈	訓
휴	休
휘	彙
흥	興
희	希

 부록 ［付録］ 文法索引

 1 語尾や慣用表現　　　　　　　　　　　(*は、準2級の文法項目です)

文法項目	日本語訳	学習
連体形＋것 같다	～ようだ、～(し)そうだ、～ように思う	32
連体形＋듯(이)	(あたかも) ～かのように、～しそうに	116
連体形＋모양이다	～みたいだ、～ようだ、～らしい	96
-거나	①～したり　②～か、～とか	46
-거나 말거나, -건 말건	～しようとも、～しなくとも	46
-건	～しても、～しようが	46
-게	～く、～に、～するように	15
-게 되다	～するようになる、～することになる	23, 57
-게 하다	～させる	116
-고 보니	～してみると、～してみたら	79
-고 싶어하다	～したがる	23
-과/와 다름없이	～と変わらず	59
-과/와 마찬가지로	～と同じく	87
-구나*	～ねえ、～なあ	105
-군(요)	～ねえ、～なあ	46
-기	【名詞化、名詞節をつくる】 ～であること、～すること	38
-기 시작하다	～しはじめる	87
-기 전에	～する前に	15
-기 직전에	～する直前に	85
-기(가) 힘들다	～しにくい、～しづらい	85
-기(를) 바라다	～することを願う	65
-기(를) 원하다	～することを願う / 望む	119
-기는 하다	～することはする	49
-기는(요), 긴(요)	～だなんて	40
-기로 하다	～することにする	91
-기만 하다	～ばかりする	57
-기에 앞서	～するのに先立って	87

-기에(는), 기엔	~するには、~するのに	88
-ㄴ/은 덕분에	~したおかげで	35
-ㄴ/은 적이 있다	~したことがある	49
-ㄴ/은 지	~してから、~して以来	26
-나 보다, ㄴ/은가 보다	~みたいだ、~ようだ、	40
-나(요)? ㄴ/은가(요)?	~か、~なのか	32
-냐?*	【한다体の疑問形】~か、~のか	7, 57
-내요	【疑問文の引用】~かと聞いています、~と聞いていましたか	9
-네(요)	~だね、~だわ	29
-느냐고, (으)냐고	~のかと	9, 51
-느냐면, (으)냐면	~のかというと	88
-는 길에	~する途中で	101
-는 데	~するのに（目的）	77
-는 도중에	~する途中で	107
-는 수밖에 없다	~するしかない、~するほかない	77
-는 중이다	~しているところだ	21
-는(ㄴ/은) 김에	~する（した）ついでに	85
-는(ㄴ/은) 것이다	~のだ、~なのだ、~ことだ	82
-는(ㄴ/은) 편이다	~するほうだ	99
-는(ㄴ/은)데	~するが、~するけど、~するのに	18
-는(ㄴ/은)데(요)(?)	~なんですけど、~ですよ	12
-는(ㄴ/은)지	~のか、~か（どうか）	46
-는(ㄴ/은)지(요)?	~のですか？	46
-니?*	【한다体の疑問形】~か、~のか、~の？	7, 29
-다가	~していて、~する途中で	12
-다가 보니(까)	~しているうちに	96
-다가 보면	~していると、~していたら	96
-다가는, -다간	~していては、~していたら	54
-다고 해서	~すると言ったので	101
-(ㄴ/는)다고요(?)	~ですって（?）	18
-(ㄴ/는)다면	①~だというなら　②~なら	18
-(ㄴ/는)다고 그러다	~だと言う	29
-답니까?	~すると言っていますか？	8
-답니다	~するそうです	8

-대요(?)	~するんですって、~するそうです	8
-더군(요)*	~していたよ / なぁ	74
-더라도	~だとしても、~くても	82
-던	【回想連体形】~していた、~した	68
-던가(요)?*	~したのか、~したかなぁ	60
-던데(요)?*	~していたけど、~していたなぁ	60
-도록	①~するように【目的】 ②~するほど、~するまで【程度】	60
-든(지)	~しても、~しようが、~とか	102
-ㄹ/을 거라고는	~するとは	93
-ㄹ/을 때마다	~する度に	45
-ㄹ/을 리(가) 없다/있다	~するはずがない / ~するはずがある?	110
-ㄹ/을 뻔하다	~するところだ	96
-ㄹ/을 뿐(만) 아니라	~するだけではなく	110
-ㄹ/을 뿐이다	~するだけだ	110
-ㄹ/을 수 있다/없다	~することができる / できない【可能・不可能】	63
-ㄹ/을 줄 알다/모르다	~することができる / できない【能力・方法】	116
-ㄹ/을 지(도) 모르다	~するかもしれない	57, 74
-ㄹ/을 적에	~する時(に)	69
-ㄹ/을 테니(까)	~するから、~だろうから	88
-ㄹ/을 테다*	~するのだ	88
-ㄹ/을 텐데*	~(はずな)のに、~だろうに	32
-ㄹ/을까 말까	~するか否か、~しようかどうか	60, 93
-ㄹ/을까 하다	~しようかと思う	60
-ㄹ/을래(요)(?)	~する?	15, 49
-ㄹ/을수록	~するほど	74
-ㄹ/을지	~するか、~するのか	74
-ㄹ/을지(도) 모르다	~するかもしれない	57, 74
-를/을 따라(서)	~に従って、~に沿って	83, 99
-를/을 적에	~する時(に)	69
-를/을 위하여/위해(서)	~のため(に)	105, 65
-를/을 위한	~のための	72
-ㅁ/음	【用言を名詞化する語尾】~すること、~であること	12
-만 아니면	~さえなければ	35
-아/어 내다	~だす	92

-아/어 놓다/두다	~しておく	71, 92
-아/어 드리다	~してさしあげる	92, 43
-아/어 버리다	~してしまう	71
-아/어 보고 싶다	~してみたい	92
-아/어 보이다	~く / に見える	92, 99
-아/어(서) 죽겠다*	~して死にそうだ	71
-아/어야	~してこそ、~して初めて、~しなければ	68
-아/어야겠-	~しなければならない	68
-아/어야만	아/어야の強調形	68
-아/어야지(요)	~しなくちゃ、~するべきだ、	54
-아/어지다	~く / になる【変化】	35, 40
-아/어라*	【한다체の命令形】~しろ、~しなさい	7, 15
-아/어서 그러다	~だからそうだ	35
-았/었겠다	~したであろう	105
-았/었다가	~して(から)、~した後で	12
-았/었다가는	~していては、~していたら	54
-았/었던	【過去連体形】動：~した~、形：~かった~、~だった~	68
-에 관한/관해(서)	~に関する / 関して	91, 79
-에 대한/대해(서)	~に対する / 対して	21
-에 따라	~によって	93
-에 비해	~に比べて	77, 101
-에게 있어서	~にとって	79
-와/과 마찬가지로	~と同じく	87
-(으)니	①~すると、~したら　②~だから	26
-(으)냐니까?	~するかと聞いていますか、~かと聞いていましたか	9
-(으)냐니다	~するかと聞いています、~かと聞いていました	9
-(으)라니까?	~しろと言っていますか	10
-(으)라니다	~しろとのことでした、~しろと言っています	10
-(으)래(요)(?)	~しろって、~しろとさ	10
-(으)려면	~しようとすれば、~したければ、~(する)には	54
-(으)로 봐서	~から考えて	65
-(으)며	①~しながら　②~して、~(する)し	43, 110
-(으)면서	①~しながら　②~のに	26
-(으)십시다	~しましょう	82

–(이)래요	～だそうです	8, 99
–자	【한다体の勧誘形】～しよう	7
–자	～すると、～するや	102
–자마자	～するとすぐに、～するやいなや	102
–자고	～しようと	10, 51
–재(요)	【勧誘文の引用】～しようって、～しようと言っています	10, 105

2 助詞

項目		例文	学習
–(이)나	～でも、～や、～も	컵라면이나 먹자.	15
		드라마나 아이돌 콘서트를 봐요.	48
–대로	～とおり、～のまま	희망대로 잘 됐네요.	21, 63
–(이)든(지)	～でも	뭐든지 도울 테니까 언제든 얘기해요.	91
–(이)란	～とは、～というのは	집안일이란 해도 해도 끝이 없네.	71
–(이)랑	～と（話し言葉で）	엄마랑 통화했는데	21
–(으)로서	～として（資格・立場）	인생의 선배로서 말하는데	105
–(으)로써	～で、～によって	오늘로써 이번 학기가 끝났다.	☆
–마다	～の度に、～毎に	볼 때마다 예뻐지는 것 같다.	45
–말고	～でなくて	그것말고 이런 붉은색은 어때요?	43
–말고는	～以外は、～のほかは	이것말고는 없다.	☆
–말고도	～でなくとも、～のほかにも	발음말고도 받아쓰기도 어려웠어요.	77
–밖에	～しか（ない）	역시 우리 고모밖에 없어요.	29
–보고(=한테)	～(人)に、～に向かって	나보고 같이 보러 가자고 했다.	51
–뿐	～だけ、～ばかり、～のみ	주위에 환자들뿐이야.	35
–(이)서	～人で	넷이서 여행을 가기로 했거든요.	91
–(이)야말로	～こそ	에미 씨야말로 좋은 일이 있나 보네요.	43
–에다(가)	①～に ②～に（加えて）	도서관에다 두었지.	57
–(이)자	～である同時に	삼촌은 교수이자 작곡가이기도 하다.	102

☆は、テキストの本文などで出てきませんが、例文を覚えておきましょう。

・日本語と同一の漢字語は日本語訳に＿を引き、日本語と異なる漢字語は（　）に示した。韓国では旧漢字を使う。

・〈　〉は変則用言を示す。

・音変化は例外的な濃音化など一部だけを示す。

・하다動詞は (하) と表記し、「する」は省略した。

・＊は、準２級以上である。

・助数詞（単位名詞）はp.66を参照。

ㄱ

가	端、ほとり
가격	価格、値段
가까이	近く、近くに
가끔(씩)	時折、時たま
가능성[가능썽]	可能性
가득(히)	いっぱい(に)
가루	粉
가만있자	さて、待ってよ
가만히	じっと
가면	仮面
가사①	歌詞
가사②(=집안일)	家事
가정	家庭
가지	～種類
가치	価値
가치관	価値観
각(各)	それぞれの、各々の
각각(各各)	各々、それぞれ
각자	各自
간단하다	簡単だ
간장(-醬)	醬油
간판	看板
갈아입다	着替える
갈아타다	乗り換える
감	柿(かき)

감독	監督
감독관	監督官
감동(하)	感動
감상문	感想文
감자	ジャガイモ
감정(적)	感情(的)
갑자기	急に、突然
갔다 오다	行ってくる
강연(하)	講演
강사	講師
강의	講義
강의실	講義室
강좌	講座
갚다*	返す、報いる
개다	晴れる
개발(하)*	開発
개별	個別
개월(個月)	～カ月
거센소리	激音
거스름돈[거스름똔]	つり銭
거절(하)	断る、拒絶
거짓말(하)	うそ
건강하다	健康だ、元気だ
건너(편)	向こう、向かい側
건너다	渡る
건배(하)*	乾杯
검사(하)	検査
게다가	それに、さらに
견디다	耐える
결과	結果
결론	結論
결석[결썩](하)	欠席
결코(決-)	決して
경기(장)	競技(場)
경영(하)	経営

경영자	経営者	과연	さすが、やはり、果たして
경쟁(하)	競争	과장	課長
경제	経済	과정①	過程
경찰	警察	과정②	課程
경치(景致)	景色	과제	課題
경험(하)	経験	과학	科学
곁	そば、脇	관계	関係
계란	卵、玉子	관광(하)	観光
계산대(計算台)	レジカウンター	관광지	観光地
계절	季節	관련(하)	関連
고개*	首、頭	관리(하)	管理
고르다〈르〉	選ぶ	관심	関心
고모	おば(父の姉妹)	관형사*	冠形詞
고모부	おじ(고모の夫)	광고(하)	広告
고민(苦悶)(하)	悩み	괜히*	無駄に、空しく
고사*	考査	굉장히	すごく
고생(苦生)(하)	苦労	굉장하다(宏壮-)	すごい
고생스럽다〈ㅂ〉	苦しい	교시(校時)	～限目
고장	故障	교육(하)	教育
고치다	直す、修理する	교육관	教育観
고통스럽다〈ㅂ〉	苦痛だ	교장	校長
곡	曲	교재	教材
곰탕	コムタン(牛の肉・内臓を煮込んだスープ)	교직원	教職員
		교통	交通
곱다〈ㅂ〉	美しい、きれいだ	교통비(=차비)	交通費
공기	空気	교포(僑胞)	同胞
공동	共同	교회	教会
공무원	公務員	구경(하)	見物、観覧
공업	工業	구급차	救急車
공연(하)	公演、コンサート(콘서트)	구분(하)*	区分
공장	工場	구역*	区域
공장장	工場長	구하다(求-)*	求める、さがす
공짜	ただ、無料(무료)	국가	国家
공통점[공통쩜]	共通点	국내	国内
과목	科目	국물	スープ、汁物

국민	国民	글쓰기	文章を書くこと
국수	そうめん、うどん	글씨	文字
국어	国語	금메달	金メダル
국외	国外	금방(今方)	今しがた、すぐに
국제	国際	금상	金賞
군대	軍隊	금시초문(今時初聞)*	初耳
군데	〜箇所	금주(=이번 주)	今週
굽다〈ㅂ〉	焼く	급하다(急-)	急だ、急を要する
궁금하다	気がかりだ、気になる	기간	期間
권리	権利	기계	機械
권하다(勧-)	勧める	기념(하)	記念
귀걸이	イアリング、ピアス	기능	機能
귀국(하)	帰国	기대(하, 되)	期待
귀엽다〈ㅂ〉	可愛い	기록(하)	記録
그간(-間)	その間	기르다〈르〉	(動物など)育てる、
그녀(-女)	彼女		(髪を)伸ばす
그다지(=그리)	さほど、あまり(〜ない)	기름	油
그래도	それでも、でも	기본	基本
그래야*	それでこそ	기쁨	喜び
그러니	だから	기사	記事
그러다	そうする、そう言う	기술	技術
그러다(가)	そうこうするうちに	기술자[기술짜]	技術者
그러면서	それなのに、そうしながら	기업	企業
그러므로	それゆえ	기온	気温
그렇다〈ㅎ〉	そのようだ、そうだ	기자	記者
그렇다면	それならば	기회	機会、チャンス
그리①(=그다지)	さほど、それほど	긴장(하, 되)	緊張
그리②	そのように、そちらへ	길거리[길꺼리]	通り、路上
그리하여(서)	そうして	길이	長さ
그만두다	辞める	깊다	深い
그야*	そりゃ、それは	까맣다〈ㅎ〉	黒い
그야말로	まさに、それこそ	깜빡(=깜박)	うっかり、ちらっと
그전	以前(이전)	깜짝 (놀라다)	びっくり(する)
그치다	やむ、やめる、中止する	깨끗하다[깨끄타다]	きれいだ、清潔だ
극작가	劇作家	깨어나다	覚める

꺼내다	取り出す	너머(로)	向こう側、〜越しに
꽃병	花瓶	너무나	あまりにも
꽤	かなり、ずいぶん	너무하다	あんまりだ、ひどい
끌다	引く、引きずる	널리	広く
끓다[끌타]	沸く	넘어지다	倒れる、転ぶ
끓이다[끄리다]	沸かす、（スープなどを）つくる	넥타이	ネクタイ
		노동	<u>労働</u>
끝내	最後まで、ついに	노동자	<u>労働者</u>
ㄴ		노랑	黄色
나누다	分ける、分かち合う	노랗다〈ㅎ〉	黄色い
나란히	並んで	노래방	カラオケ
나물	ナムル	노력(하)	<u>努力</u>
나비*	蝶	노인	<u>老人</u>
나서다	進み出る、関与する	노트북	ノート型パソコン
나중에	あとで、のちほど	노후	<u>老後</u>
나흘	4日(間)	녹다	溶ける
낙관(적)	<u>楽観(的)</u>	녹색	<u>緑色</u>
낙지*	タコ	녹음	<u>録音</u>
날개	翼、羽	놀이	遊び
날다	飛ぶ	놀리다*	からかう
날마다(=매일)	毎日、日ごと	농담(弄談)	冗談
날아다니다*	飛び回る	농민*	<u>農民</u>
남	他人	농사(農事)*	農業、畑仕事
낫다〈ㅅ〉	ましだ、よい	농업	<u>農業</u>
낳다	産む、生む	농촌	<u>農村</u>
내과[내꽈]	<u>内科</u>	높이다	高める
내밀다*	差し出す、突き出す	놓이다	置かれる
내달(=다음 달)	<u>来月</u>	놓치다	逃す、見失う
내려놓다	降ろす	누님*	お姉さん（누나の尊敬語）
내용	<u>内容</u>	눈가[눈까]	目尻、目の端
내주(=다음 주)	<u>来週</u>	눈꺼풀	まぶた
내주다	出してあげる	눈치	勘、表情、顔色
내후년(来後年)	再来年	느낌	感じ
냄비	なべ	느리다	のろい、遅い
냉장고	<u>冷蔵庫</u>	늘어나다	伸びる、増える

늙다[늑따]	老いる	대책	対策
능력[능녁]	能力	대통령[대통녕]	大統領
ㄷ		대표	代表
다가오다	近づいてくる	대화	対話
다루다	扱う	대회	大会
다름없다	同じだ、違いがない	더구나	その上、しかも、さらに
다만	ただし	더럽다〈ㅂ〉	汚い
단계(별)	段階(別)	덕분(德分)	おかげ、恩恵
다양하다*	多様だ	던지다	投げる
단순하다	単純だ	덜	より少なく
단체	単体	덜다	減らす、(一部分を)分ける
단추	(衣服の)ボタン	덮다	覆う、(本を)閉じる
달다	(ボタンを)つける	데려가다	連れて行く
달리	ほかに、別に	데려오다	連れて来る
닮다[담따]	似る	데이트*	デート
담임	担任	도대체	いったい、全然、まったく
답답하다	重苦しい、もどかしい	도로	道路
답안	答案	도망가다	逃亡する、逃げる
답장(하)(答状)	返信、返書	도저히(到底-)	とうてい
당근	ニンジン	도중	途中
당시	当時	도와 드리다	手伝ってさしあげる
당신	あなた	독립[동닙]	独立
당연하다	当然だ	돈까스	トンカツ
당일	当日	돌리다	回す
당장(当場)	すぐ(に)、その場(で)	돌아보다	振り向いて見る
당하다(当-)	当面する、匹敵する、被る	돕다〈ㅂ〉	助ける、手伝う
닿다	触れる、届く	동네	町、町内
대기업	大企業	동료[동뇨]	同僚
대단하다	すごい、大したものだ	동사	動詞
대로	～通り、～のまま	동시	同時
대량	大量	동양	東洋
대명사	代名詞	동창	同窓
대부분	大部分	돼지갈비	テジカルビ
대사*	台詞、セリフ	되게	すごく、とても
대중	大衆	된소리	濃音

된장	みそ
된장국	みそ汁
된장찌개	みそなべ
두부	豆腐
둥글다*	丸い
드디어	ついに
드라이브	ドライブ
드물다	まれだ
들르다〈으〉/들리다	立ち寄る、寄る
등등(等等)	等など
등산(하)	登山、山登り
등장(하)	登場
등장인물	登場人物
따님	娘さん（娘の尊敬語）
따다	摘む、得る、（資格などを）取る、獲得する
따라서	従って
따라오다	ついてくる
따로	別に、他に
따르다〈으〉	①従う、なつく ②注ぐ
딱	ぴったり、ちょうど
딴(=다른)	他の、別の
딸기	イチゴ
땅	土地、地面
때때로(=때로)	時々、たまに
때리다	殴る
떠나가다	離れていく、去っていく
떠들다	騒ぐ
떨리다	震える、揺れる
떨어뜨리다*	落とす
또다시	再び、再度
똑같다	まったく同じだ
뜨겁다〈ㅂ〉	熱い
뜨다〈으〉	浮かぶ、昇る
뜻대로	思い通りに

뜻밖(에)	意外(に)
띄다	（目に）つく

ㄹ

레몬	レモン
레스토랑	レストラン

ㅁ

마늘	ニンニク
마당	庭、広場
마루	床、板の間
마을	村
마음고생	気苦労
마음대로	気ままに、勝手に
마음씨*	心、気立て
마치	まるで、あたかも、ちょうど
막②(=마구)	やたらに、むやみに
막③	今しがた、まさに
막걸리	マッコリ、にごり酒
막내	末っ子
막다	塞ぐ、遮る
막히다	詰まる、塞がる
만약(万若)	万が一、もしも
만점[만쩜]	満点
만족스럽다〈ㅂ〉	満足だ
만족하다	満足だ
만화	漫画
맏이[마지]	長子、長男、長女
말다	途中でやめる、中断する
말없이	黙って
말하자면	言わば
맑다	晴れている、澄んでいる
맑음	晴れ
맞다(=맞이하다)	迎える
맞추다	合わせる
맡기다	任せる

맡다	引き受ける、預かる、受け持つ	무의미(하)	無意味
매다	結ぶ	무조건[무조껀]	無条件、むやみに
매장(売場)*	売り場	무책임(하)	無責任
맨	一番〜、最も	묵다	①泊める ②古くなる
머리카락	髪の毛	문득	ふと、はっと
먹이다*	食べさせる	문법[문뻡]	文法
먼지	ちり、ほこり	문자[문짜]	文字、携帯ショートメール
멀리	遠く、遥かに	문학	文学
멈추다	とまる、止む	물가[물까]	物価
메달	メダル	물론(勿論)	もちろん
멋있다	素敵だ	미남	美男
멋지다*	すてきだ	미녀	美女
면세점	免税店	미래	未来
면허*	免許	미리	あらかじめ
명령	命令	미술	美術
명사	名詞	미술관	美術館
명함(名銜)	名刺	미안스럽다〈ㅂ〉	すまない、恐れ入る
모습	姿	미용실	美容室
모시다	仕える、お供する	미인	美人
모음	母音	민속	民俗
모임	集まり、集会	민족	民族
모자라다	足りない	믿음	信頼、信仰
목걸이	ネックレス	밉다〈ㅂ〉	憎い、醜い
몹시	とても、大変、非常に	밑줄	下線、アンダーライン
못되다	(たちが)悪い	**ㅂ**	
못생기다	醜い	바깥	外、屋外
무대	舞台	바뀌다	変わる、替わる
무렵	〜頃	바닥	底、底面、床
무료	無料	바닷가	海辺
무리(하)	無理	바라다	願う、望む
무섭다〈ㅂ〉	恐ろしい、怖い	바라보다	見渡す、眺める
무시(하)	無視	바르다	塗る、貼る
무역	貿易	바위	岩
무용(하)	舞踊	박	〜泊
		박물	博物館

박사	博士	벌	ハチ
박수	拍手	벌다	稼ぐ、（お金を）儲ける
반	班、クラス	벌레	虫
반대(하)	反対	벌리다	広げる、あける
반응(하)	反応	벌집[벌찝]	ハチの巣
반장	班長	법	法
반찬	おかず、惣菜	법률[범뉼]	法律
받아들이다	受け入れる	법률가[범뉼가]	法律家
받아쓰기	書き取り、ディクテーション	법적	法的
받침	パッチム、終声	벗어나다	抜け出す
발견(하)	発見	변경(하, 되)	変更
발달[발딸](하)	発達	변함없다	変わりない
발목	足首	별로(別-)	別に、さほど
발바닥[발빠닥]	足の裏	보고(하, 되)	報告
발생[발쌩](하)	発生	보고서	報告書
발톱	足の爪	보도(하, 되)	報道、ニュース
밝다	明るい	보물	宝、宝物
밝히다	明らかにする、明かす	보험	保険
밤낮없이[밤나덥씨]	昼夜を問わず、夜も昼も	보험증[보험쯩]	保険証
밤새	夜の間	보호(하)	保護
밤중[밤쭝]	夜中	복도(複道)	廊下
밥맛*	ご飯の味、食欲	복사(하)	複写、コピー
밥상*	お膳	복습(하)	復習
밥솥	釜	복잡하다	複雑だ、混雑だ
밥하다	ご飯を作る	볶다	炒める
방글방글*	にこにこ（と）	볶음밥	チャーハン
방금	たった今	본격적*	本格的
방송(하)	放送	본문	本文
방송국	放送局	본질	本質
방해(하)	妨害、じゃま	볼링	ボーリング
밭	畑	볼일[볼릴]	用事
배	～倍	봉지(封紙)	紙袋、袋
배경*	背景、バック	봉투	封筒、袋
배우	俳優	뵈다	お目にかかる
번역료[버녕뇨]	翻訳料	부끄럽다〈ㅂ〉	恥ずかしい

부담(하)	負担	빨래	洗濯(物)
부담스럽다〈ㅂ〉	負担だ	빨래하다	(洗濯物を)洗う
부드럽다〈ㅂ〉	柔らかい	빼다	抜く、取り除く
부럽다〈ㅂ〉	うらやましい	뼈	骨
부인	婦人	뽑다	選ぶ、抜く
부족하다	不足だ、足りない	뿌리다	まく、ふりかける
부지런하다	勤勉だ、まめだ	**ㅅ**	
부치다	送る	사각형	四角形
분명히(分明-)	明らかに	사건[사껀]	事件
분위기	雰囲気、ムード	사고	事故
불가능	不可能	사귀다	付き合う、交わる
불교	仏教	사 먹다	外食する
불만	不満	사모님*	奥様(師・先生・
불만스럽다〈ㅂ〉	不満だ		目上の人の夫人)
불안(하)	不安	사무	事務
불편(하)	不便、体調不良	사무국	事務局
붉다	赤い	사무실	事務室
붓다①〈ㅅ〉	注ぐ	사무원	事務員
붓다②〈ㅅ〉*	腫れる、むくむ	사무직	事務職
붙다	付く、(試験に)受かる、	사업(하)	事業
	くっつく	사용(하, 되)	使用
비교(하)	比較	사원	社員
비교적	比較的、わりと	사인(하)	サイン
비록	たとえ(〜でも)	사인회	サイン会
비롯하다	(〜を)はじめとする	사정	事情、わけ
비밀	秘密	사촌(四寸)	いとこ
비옷	レインコート	사흘	3日、3日間
비용	費用	산 넘어 산*	一難去ってまた一難
비우다	空にする	산책(하)	散策、散歩
빛	光	살	肉、肌
빠지다	落ちる、抜ける、はまる、	살리다	生かす
	溺れる	살찌다	肥る、肉が付く
빠짐없이	漏れなく、抜かりなく	살펴보다	調べてみる
빨갛다〈ㅎ〉	赤い	살피다	調べる、探る
빨다	洗濯する	삼각형	三角形

삼계탕(参鶏湯)	サムゲタン	성공(하)	成功
삼키다	飲み込む	성적	成績
삼촌(三寸)	おじ	성질	性質、気質
상관(하)	関係、関わり、相関	세계	世界
상관없다(相関-)	関係ない、関わりない	세기	世紀
상당히*	かなり、相当	세대	世代
상대	相手	세상(世上)	世の中、世間、社会
상상(하)	想像	세월	歳月
상의(相議)(하)*	相談	세일(하)*	セール
상자(箱子)	箱、ケース	세탁기	洗濯機
상처(傷処)	傷	세탁소(洗濯所)	クリーニング屋
상태	状態	세탁(하)	洗濯
상품	商品	센터	センター
상황	状況	소녀	少女
새끼	①動物の子 ②野郎	소년	少年
새로	新たに	소문(所聞)	うわさ、評判
새롭다〈ㅂ〉	新しい	소비(하)	消費
새벽	暁、未明、夜明け	소비자	消費者
새우다	(夜を)明かす	소스	ソース
생기다	生じる、できる、手に入る	소식	消息、便り、知らせ、
생명	生命		ニュース
생명보험	生命保険	소주(焼酒)	焼酎
생신(生辰)	お誕生日（생일の尊敬語）	소중하다(所重-)	大切だ、大事だ
서두르다〈르〉	急ぐ、焦る	손녀(孫女)	孫娘
서둘러	急いで	손등[손뜽]	手の甲
서비스	サービス	손목	手首
서양	西洋	손바닥[손빠닥]	手のひら
서점	書店	손빨래	手洗い
서투르다〈르〉	下手だ	손자(孫子)	(男の)孫
섞다	混ぜる	손톱	手の爪
선거(하)	選挙	솔직하다	率直だ
선배	先輩	솜씨*	腕前
선택(하)	選択	수건(手巾)	タオル、手ぬぐい
섭섭하다	名残惜しい	수많다(数-)	数多い
성격[성껵]	性格	수술(하)	手術

수염	ひげ	식다	冷める、ぬるくなる
수입①	収入	식물	植物
수입②(하)	輸入	식물원	植物園
수입품	輸入品	식은땀*	冷や汗
수출(하)	輸出	식초(食酢)	(食用の)酢
수학	数学、算数(산수)	식탁	食卓
숙소(宿所)	宿	신경	神経
술자리[술짜리]	酒の席	신맛	酸っぱい味
술잔[술짠]	杯(さかずき)	신형	新型
술집[술찝]	居酒屋、飲み屋	싣다〈ㄷ〉	①載せる、積む ②掲載する
숨	息、呼吸	실감(하)*	実感
숨기다	隠す	실력*	実力
숨다[숨따]	隠れる、潜む	실수(失手)[실쑤]	失敗、失策、しくじり
쉬다②	呼吸する	실시[실씨]	実施
스마트폰*	スマートフォン	실은(実-)	実は
스스로	自分で、自ら	실천(하)	実践
스케이트	スケート	실패(하)	失敗
스키(장)	スキー(場)	실험(하)	実験
스파게티	スパゲッティ	실험실	実験室
습관	習慣	심각하다	深刻だ
시	詩	심다[심따]	植える
시골	田舎	심리[심니]	心理
시기	時期、時	심리학[심니학]	心理学
시끄럽다〈ㅂ〉	うるさい、騒がしい	심부름(하)	お使い
시다	酸っぱい	심부름센터	便利屋
시대	時代	심장	心臓
시설	施設	심하다(甚-)	ひどい、はなはだしい
시원하다	涼しい、爽やかだ	싱겁다〈ㅂ〉	① (味が)薄い
시인	詩人		② (人が)つまらない
시장(님)	市長	싸다②	①包む、包装する
시장하다	お腹が空いている		② (弁当を)つくる
시집	詩集	싸움	けんか、戦い
시켜 먹다	出前を取る	쌍꺼풀*	二重まぶた
시험지(試験紙)	問題用紙、答案用紙	쌓다	①積む、積み重ねる
식구(食口)*	家族		②(実力を)磨く

쏟다	こぼす、空ける	애인(愛人)	恋人
쓰다④〈으〉	(味が)苦い	앨범	アルバム、写真帳
쓰레기	ごみ	앱*	アプリ
쓰이다*	使われる、用いられる	야근*	夜勤
쓸쓸하다*	さびしい	약간	若干
씨	種	약국(=약방)	薬局
씨름(하)	韓国相撲、シルム	얇다	薄い
−씩	～ずつ	양배추(洋-)	キャベツ
ㅇ		양복(洋服)	スーツ、背広
아기(=애기)	赤ちゃん、赤ん坊	양파(洋-)	玉ネギ
아깝다〈ㅂ〉	もったいない、惜しい	얕다	浅い
아끼다	節約する、惜しむ	어느새	いつのまにか
아나운서	アナウンサー	어디까지나	あくまでも
아드님	息子さん(아들の尊敬語)	어떡하다	どうする
아랫사람	目下の人	어떻게든	どうにかして、なんとかして
아무데	どこでも、どこにも	어른	大人
아무때나	いつでも	어머(나)	あらまあ、あっ
아무래도	どうしても、やはり	어미	語尾
아무런	どんな、何の	어울리다	似合う、交わる
아무리	どんなに、いくら	어쨌든	とにかく、いずれにせよ
아쉽다〈ㅂ〉	物足りない、心残りだ、	어학	語学
	名残惜しい	어학당*	語学堂
아이돌*	アイドル	어학연수[어항년수]	語学研修、語学留学
아이스크림	アイスクリーム	어휘	語彙
아픔	痛み	언어	言語
악기	楽器	언제든지	いつでも
안내(하)	案内	언젠가	いつか
안심하다	安心	얼다	凍る、凍える
안정(하, 되)*	安定	얼른	早く、すぐ、急いで
알	卵、玉、実	얼마간	いくらか、当分
알아보다	調べる、見分ける	얼음	氷
알약[알략]	調剤	얼음물	お冷、氷水
앓다	患う、病む、胸を痛める	엄청	とても、めっちゃ
앞바다	沖、沖合	업무	業務
앞서	先立って	없애다[업쌔다]	なくす、処分する

없이[업씨]	～なしに	오래되다	古い、久しい
엊그제	おととい、数日前	오래오래	末永く、長い間
여관	旅館	오랜*	長い、久しい
여권[여꿘]	旅券、パスポート	오징어	イカ
여유	余裕	오해*	誤解
여전하다	変わらない	오히려	むしろ、かえって
여직원(女職員)	女性職員	온	すべての、全～
연간	年間	온갖*	あらゆる種類の、すべての
연구(하)	研究	온천	温泉
연구원	研究員	올림픽	オリンピック
연기①(하)	演技	옮기다	移す、訳す
연기②	煙	완성(하, 되)*	完成
연기③(하, 되)	延期	완전하다	完全だ
연대	年代	왜냐하면	なぜなら
연수(하)	研修	왠지	なぜだか
연습(하)	練習	외과[외꽈]	外科
연애(하)	恋愛、恋	외식(하)	外食
연예인	芸能人	외치다	叫ぶ、わめく
연재(하, 되)	連載	외할아버지*	母方の祖父
연주회	演奏会	요구르트	ヨーグルト
연휴	連休	요금	料金
열	熱	요새(=요즘)	最近、近頃
열리다	開かれる、開く	욕실	浴室
열쇠[열쐬]	鍵	용기	勇気
열차*	列車	용돈[용똔](用-)	小遣い
영수증	領収証、レシート	우리말	私たちの言葉、国語、韓国語
예매(하)(予買)	前売り、前もって買うこと	우정*	友情
예보(하)	予報	우체통(郵遞筒)	郵便ポスト
예산	予算	우편번호	郵便番号
예술가	芸術家	운동장	運動場
예습(하)	予習	운전(하)	運転
예약(하)	予約	울리다	泣かせる、鳴る
옛	昔の、ずっと昔の	울음	泣くこと、泣き
오*	ああ、おお（感嘆詞）	움직이다	動く、動かす
오래	長く、久しく	움직임	動き

웃음	笑い、笑み	이렇다〈ㅎ〉	こうだ、このようだ
원래(元来)	もともと、そもそも	이래 봬도	こう見えても
원인	原因	이루다	成し遂げる、成す
원장	院長、園長	이르다①〈러〉	至る、着く、到着する
원하다(願-)	願う、望む	이르다②〈르〉	早い
웹툰(webtoon)*	ウェブ漫画	이만하다	これぐらいだ
위원	委員	이모	おば（母の姉妹）
위치	位置	이모부	おじ（이모の夫）
위하다	大事にする、〜のためにする	이미	すでに、とうに
위험스럽다〈ㅂ〉	危険だ	이불	ふとん
윗사람	目上の人	이사(하)	引越し、移転
유럽	ヨーロッパ	이삿짐	引っ越しの荷物
유리	ガラス	이웃(하)	隣、近所
유명하다	有名だ	이웃집	隣
유아	幼児	이익	利益
유원지	遊園地	이제야	今まさに、やっとのことで
유자차(柚子茶)	ゆず茶	익다	①実る、熟す ②煮える
유치원	幼稚園	인간	人間
유튜브*	YouTube、ユーチューブ	인구	人口
유행(하)	流行	인기[인끼]	人気
유행가	流行歌	인류[일류]	人類
음	ううん、よし	인물	人物、人材、人柄
음료수[음뇨수]	飲料水、飲み物	인상	印象
음식	飲食、料理	인생	人生
음식물	食べ物、飲食物	인정	人情、情け
음식물 쓰레기	生ゴミ	인턴*	インターン
음식점	飲食店	일과	日課
응	うん	일기①(日気)	天気（予報）
의논(議論)(하)	相談、話し合い	일기②	日記
의문	疑問	일단[일딴]	いったん、ひとまず
이끌다	引く、導く	일반	一般
이대로	このまま	일반적	一般的
이따가	あとで、のちほど	일부	一部
이러다	こうする、こう言う	일부러	わざと、わざわざ
이런저런	あれこれ、そんなこんな	일석이조[일써기조]*	一石二鳥

일생[일쌩]	一生	잘되다	うまくいく、成功する
일식(日食)	日本食、日本料理	잘못되다	①間違う、誤る ②死ぬ
일으키다	起こす、興す	잘생기다	かっこういい、きれいだ
일정[일쩡]*	日程、スケジュール	잠그다〈으〉	(鍵を)かける
임금	賃金	잠옷	寝巻き、パジャマ
입가	口元	잡수시다	召し上がる、お年を召す
입술	唇	잡일[잠닐]*	雑用
입원(하)	入院	잡히다	捕まる
잊혀지다	忘れられる	장사(하)	商売

ㅈ

자격	資格	장소	場所
자격증	資格証、ライセンス	재료	材料
자꾸(만)	しきりに、何度も	재미	楽しさ、面白さ、興味
자라나다	育つ、成長する	재미나다	興味を感じる、おもしろい
자료	資料	재산	財産
자르다〈르〉	切る、切り離す、解雇する	재일교포(在日僑胞)	在日コリアン
자막	字幕	재판소	裁判所
자세하다(仔細-)	詳しい、細かい	저금(하)	貯金
자신①	自分、自身	저러다	ああする、ああ言う
자신②	自信	저번에	この前、前回
자연스럽다〈ㅂ〉	自然だ	적다	記入する、書き記す
자원*	資源	적당하다	適当だ
자유	自由	적히다*	書かれる
자음	子音	전	全～、すべての
작가	作家	전공(하)	専攻、専門
작곡(가)	作曲(家)	전국	全国
작문	作文	전기①	電気
작업	作業	전기②	前期
작은딸	下の娘	전문	専門
작은아들	下の息子	전문가	専門家
작은아버지	父の弟、叔父	전반	前半
작은어머니	父の弟の妻、叔母	전반적	全般的
작품	作品	전부	全部、すべて
잔돈	小銭	전원	電源
잘나다[잘라다]	偉い、賢い、秀でている	전쟁	戦争
		전체	全体

전통	伝統	종합적	総合的
전통마을	伝統村	주고받다	やり取りをする
전하다(伝-)	伝える	주로	主に、主として
전후	前後	주머니	ポケット、財布
절	お辞儀、会釈	주먹	こぶし、げんこつ
절대(로)[절때]	絶対(に)	주문(하)	注文
젊다[점따]	若い	주변	周辺
점원	店員	주사	注射
점점	だんだん	주위	周囲
점차	だんだん、徐々に、次第に	주의	主義
정	情	주인	主人、持ち主
정류장[정뉴장]	停留場、停留所	주인공	主人公
정리(하)[정니]	整理	주인집[주인찝](主人-)	家主、大家
정보	情報	주장(하)	主張
정부	政府	주제	主題、テーマ(테마)
정신	精神	주택*	住宅
정치	政治	죽음	死
정확하다	正確だ	죽이다	殺す
젖다	濡れる、染まる、浸る	줄다(=줄어들다)	減る
제	第〜	줄을 서다	並ぶ
제대로	ちゃんと、まともに、思い通りに	줄이다	減らす
		중간	中間
제품	製品	중간고사*	中間考査
조건	条件	중앙	中央
조금씩	すこしずつ	쥐다	握る、つかむ
조사①(하)	調査	즐겁다〈ㅂ〉	楽しい
조사②	助詞	즐기다	楽しむ
조심하다(操心-)	用心する、気を付ける	지구	地球
조용하다	静かだ	지나가다	過ぎる、通り過ぎる
조직	組織	지나치다	通り過ぎる、度がすぎる
조카	甥、姪	지다②	背負う
졸다	居眠りする	지다③	(花が)落ちる、(日が)暮れる
종교	宗教		
종류[종뉴]	種類	지배인	支配人
종합(하)	総合	지붕	屋根

지상	地上	참가(하)	参加
지시(하)	指示	참기름	ゴマ油
지역	地域	참다[참따]	我慢する、こらえる
지우개	消しゴム	찻집	喫茶店
지우다	消す	창	窓
지출(하)*	支出、出費	창가[창까](窓-)	窓辺
지치다	疲れる、くたびれる	창밖(窓-)	窓の外
지켜보다	見守る	채우다	満たす、補う
지하	地下	책가방	ランドセル、学生カバン
직원	職員	책임	責任
직장	職場	책임자	責任者
직장인(職場人)	会社員、勤め人	책임지다	責任を取る
직접	直接	책장	本棚
진지	お食事（밥の尊敬語）	처리(하)	処理
진행(하)	進行	천사*	天使
짐	荷物、負担	철저히	徹底的に
짐스럽다〈ㅂ〉	負担に思う	첫	初めての、最初の
집사람	家内、妻	첫날[천날]	初日
집안	身内、一族	첫눈[천눈]	初雪
집안일[지반닐]	家事(가사)	첫사랑	初恋
집중(하)	集中	첫째	一番目、第一
집중력[집쭝녁]	集中力	청년	青年、若者
집중적	集中的	청소(清掃)(하)	掃除
짙다	（化粧が）濃い	청소기(清掃機)	掃除機
짝	ペア	청춘*	青春
짝사랑	片思い	쳐다보다	見上げる、見つめる、
쪽	～頁		眺める
찌개	チゲ、鍋料理	체*	ふり
찌다	（肉が）つく、太る	체육	体育
ㅊ		체육관	体育館
차갑다〈ㅂ〉	冷たい	체육복(体育服)	体操服
차다	蹴る	체조	体操
차리다	準備する、整える	체험(하)	体験
차비(=교통비)	交通費	초대장	招待状
착하다	善良だ、やさしい	초밥	すし

초콜릿	チョコレート	커다랗다〈ㅎ〉	非常に大きい
최고	最高	컵	コップ
최근	最近	컵라면[컴나면]	カップラーメン
최대	最大	케이팝*	K-POP
최소	最初	코스	コース
최악	最悪	코트	コート
최저	最低	콘서트	コンサート、公演(공연)
최초	最初	쿠키	クッキー
추다	踊る	크기	大きさ、サイズ
출구	出口	큰딸	長女(장녀)
출근(하)	出勤	큰비	大水、洪水
출석(하)	出席	큰소리	大声、大口
출입구(出入口)	出入り口	큰아들	長男(장남)
출장[출짱]	出張	큰아버지	父の長兄、伯父
춤	踊り	큰어머니	父の長兄の妻、伯母
충격	衝撃	큰일	大変なこと、大事なこと
충분하다(充分-)	十分だ、足りる	큰일 나다	大変だ
충전(하)	充電	키우다	育てる
충전기	充電器	**ㅌ**	
취소(取消)(하)	取り消し	타다	焦げる、焼ける、燃える
취직(하)	就職	탓*	〜のせい
취하다(醉-)	酔う	태국(泰国)	タイ
치다③	(線を)引く	태권도	テコンドー
치다④	(大声を)上げる	태어나다	生まれる
치료(하)	治療	태우다	乗せる
치료비	治療費	태풍	台風
치즈	チーズ	턱	あご
치킨	チキン	테마	テーマ
친절하다	親切だ	테스트	テスト
친척	親戚	테이블	テーブル
친하다(親-)	親しい	토끼	ウサギ
침대	ベッド、寝台	통근(하)	通勤
ㅋ		통역(하)	通訳
카드	カード	통일	統一
카톡*	カカオトーク	통화(하)	通話

퇴근(하)	退勤、退社	풀리다	ほどける、解ける、
특기	特技		(天気が)和らぐ
특별하다	特別だ	풍부하다	豊富だ、豊かだ
특성	特性	프라이팬	フライパン
특징	特徴	프로젝트*	プロジェクト
특히	特に	피검사	血液検査
틀림없다	間違いない、確かだ	피곤하다(疲困-)	疲れている、くたびれている
틀림없이	間違いなく	피부	皮膚
티셔츠	Tシャツ	피시	PC、パソコン
팀	チーム	피시방(-房)	インターネットカフェ
팀장(-長)	チームリーダー	피하다(避-)	避ける
ㅍ		피해	被害
파다	掘る	필통(筆筒)*	筆箱
파마	パーマ	**ㅎ**	
판단(하)	判断	하나같이	一様に、皆
판매(하)	販売	하루 종일(-終日)	一日中、終日
팔리다	売れる	하루빨리*	一日も早く
팬*	ファン	하얀색	白色
퍼지다	広がる	하얗다〈ㅎ〉	白い
페이스북*	Facebook、フェイスブック	학급	学級、クラス
편리하다	便利だ、都合がいい	학비	学費
편을 들다	肩を持つ	학습(하)	学習
편히*	気楽に、ゆったりと、楽に	학습서	学習書
평일	平日	학자	学者
평화	平和	학점(学点)*	単位
평화롭다〈ㅂ〉	平和だ	한계*	限界
포기하다	あきらめる	한꺼번에	一度に、一緒に
포스터	ポスター	한동안	しばらく、一時
포인트	ポイント	한둘/한두	1つか2つ
폰(=휴대폰)	携帯(電話)	한때	ひと時、ある時
표정	表情	한류[할류]	韓流
표현(하)	表現	한마디	ひと言
푸르다〈러〉	青い	한반도(韓半島)	朝鮮半島
푹	ぐっすり	한숨	ひと息、ため息、ひと眠り、
풀	糊(のり)		ひと休み

한식(韓食)	韓国・朝鮮料理	환자	患者、病人
한옥(韓屋)	韓国の伝統家屋	환전(換銭)(하)	両替
한잠	熟睡、ひと眠り	활동[활똥](하)	活動
한참	しばらく、はるかに、ずっと	회원	会員
한편	①一方 ②味方	회의(하)	会議
함부로	むやみに、やたらに	회장	会長
합격(하)	合格	효과	効果、効き目
합치다(合-)	合わせる、合計する	후기	後期
항상(恒常)	いつも、常に	후반	後半
해결(하, 되)	解決	후배	後輩
해내다	やり遂げる	후보	候補
햇빛	日光、日差し	후춧가루	コショウ
행동(하)	行動	훈련(하)	訓練
행복하다(幸福-)	幸せだ	훌륭하다	立派だ、素晴らしい
행사	行事、催し、イベント	훨씬	(程度が)ずっと、はるかに
행위*	行為	휴식	休息、休み
향하다(向-)	向かう	휴일	休日
헤어지다	別れる、離れる	휴지(休紙)	ちり紙、ティッシュ
혀	舌、ベロ	휴지통(休紙桶)	ゴミ箱、くずかご
현금	現金	흐름	流れ
현상	現象	흔들다	振る、揺らす
현실	現実	흔들리다	揺れる、そよぐ
현재	現在	흔하다	ありふれている
형님	お兄さん	흘리다	流す、こぼす
형식	形式	흙	土、泥
형용사	形容詞	흥미	興味
호랑이	トラ	흥미롭다〈ㅂ〉	興味深い
호주(濠州)	オーストラリア	힘껏	力の限り、精いっぱい
화(火)	怒り、憤り	희망(하)	希望、望み
화장(하)	化粧	힘쓰다	力を出す、努力する、
화장품	化粧品		手助けをする
확실하다	確実だ	힘차다	力強い、非常に元気だ
확인(하)	確認		
환경	環境		
환영(하)	歓迎		

パランセ韓国語 上級
－ハングル能力検定試験 3 級完全準拠－

| 検印
省略 | © 2022 年 1 月 30 日　初版発行 |

著者　　　　　　　　　　　　　　　　　　　　　　金京子

発行者　　　　　　　　　　　　　　　　　　原　雅久
発行所　　　　　　　　　　　　　株式会社　朝日出版社
　　　　　　　　　101-0065　東京都千代田区西神田 3-3-5
　　　　　　　　　　　　電話　03-3239-0271/72
　　　　　　　　　　　　振替口座　00140-2-46008
　　　　　　　　　　　　http://www.asahipress.com/
　　　　　　　　　　　　組版 / 萩原印刷　印刷 / 図書印刷

乱丁、落丁本はお取り替えいたします。
ISBN978-4-255-55687-1 C1087